노인들도 펄펄 뛰는 교회 이야기

본서는 아주 특별한 책이다.

왜냐하면 아무도 관심을 가지지 않는

노년기 평신도들을 저자가 개발한 'D3 양육시스템' 으로

양육하고 훈련하여 평신도사역자로 세우고 그들이 사역하고

있는 목회 현장을 소개하고 있기 때문이다.

점점 고령화 되어가고 있는 한국 교회에

꼭 필요한 책이라 확신한다.

| 안재은 교수 |

총신대학교 목회신학전문대학원
교회성장학과 주임교수, 총신교회 담임목사

70세 노인도 사역하는 교회의 현장보고서

노인들도 펄펄 뛰는 교회 이야기

안창천 박사 지음

1쇄 인쇄/2006. 10. 10
1쇄 발행/2006. 10. 20

발행처/베다니출판사
발행인/오생현
등록번호/제 3-413호
등록일자/1992. 5. 6

서울시 송파구 문정동 78-19호 베다니선교빌딩 4층(우편번호138-868)
주문/전화 448-9884~5 팩스 448-9910
Email/ bethanyp@hanmail.net
www.bethany.co.kr

값 12,000원

ISBN 89-5958-013-9 03230

70세 노인도 사역하는 교회의 현장보고서

노인들도 펄펄 뛰는 교회 이야기

안창천 박사 지음

우리가 그를 전파하여 각 사람을 권하고 모든 지혜로 각 사람을 가르침은 각 사람을 그리스도 안에서 완전한 자로 세우려 함이니 이를 위하여 나도 내 속에서 능력으로 역사하시는 이의 역사를 따라 힘을 다하여 수고하노라(골 1:28-29)

제2부 평신도사역자 양육 및 훈련 이야기

제3부 평신도사역자의 사역과 신앙 이야기

프롤로그

여기, 모든 성도(노인까지도)가 평신도사역자가 되기를 꿈꾸는 목사가 있다

예수께서 부활 승천하시면서 들려주신 말씀이 나의 귓전을 때린다.

> "그러므로 너희는 가서 모든 족속으로 제자를 삼아
> 아버지와 아들과 성령의 이름으로 세례를 주고
> 내가 너희에게 분부한 모든 것을 가르쳐 지키게 하라
> 볼찌어다 내가 세상 끝 날까지
> 너희와 항상 함께 있으리라 하시니라"(마 28:19-20).

모든 족속을 그리스도의 제자로 삼으라는 것은 주님의 지상 명령이다. 즉 제자 삼는 것은 목회의 본질이지 프로그램 중 일부가 아니다.

따라서 모든 교회는 주님의 지상 명령에 순종해야 한다. 주님의 지상 명령을 준행하기 위해서는 주께서 분부한 모든 것을 '가르쳐 지키게 해야' 한다.

'가르쳐 지키게 하는' 과정!

이것이 없이는 그리스도의 제자가 되게 할 수 없다. '가르쳐 지키게 하는' 과정을 '양육과 훈련'이라고 한다. 이 과정을 어떻게 하느냐에 따라 그 결과는 많은 차이가 있다.

본서는 평신도를 세계에서 가장 단순하고 빠르게 사역자로 만들 수 있는 'D3 양육시스템'에 의하여 실제로 어떻게 평신도들을 양육하고 훈련시켰는지를 소개할 뿐만 아니라, 그 방법에 의하여 훈련받은 평신도사역자들이 어떻게 사역하고 있는지 그 사역 현장을 소개하고 있다.

특별히 '우리가하나되는교회'를 개척한 지 1년 만에 어떻게 70세가 넘은 성도들을 훈련시켜 사역자로 만들고 건강한 교회로 성장시켰는지 그 과정을 보게 될 것이다.

본서는 교회의 일꾼을 만들고 싶지만 여러 번 실패했거나, 또 제자훈련을 하고 싶은데 어떻게 해야 할지 모르는 분들에게, 특별히 노년기의 성도들을 사역자로 만드는 방법을 몰라 고민하는 분들에게 꼭 필요한 책이 될 것을 의심치 않는다.

본서가 나오기까지 격려해주시고 지혜를 주신 성령님께 감사를 드리고, 작은 교회이야기이지만 기쁨으로 출판해주신 베다니출판사 오생현 사장님과 이 책을 쓰도록 권면해 주신 도원욱 목사님(경산중앙교회)과 배후에서 출판에 큰 도움을 주신 C&P 기획 대표 안창덕 장로님과 안미애 실장, 홍진희 집사님과 성기원 형제님께 감사를 드린다.

이 책이 주께서 피값으로 사신 주님의 몸된 교회를 맡아 피땀 흘려 수고하는 복음의 동역자들과 교회를 세우기 위해 함께 동역하는 평신도들에게 이 책을 바친다.

이 책을 통하여 모든 교회가 평신도들을 교회의 사역자로 만드는 꿈을 꾸게 되기를 기도한다.

우리가하나되는교회 | 평신도사역형교회연구소

섬김이 안창천 목사

D3 양육시스템

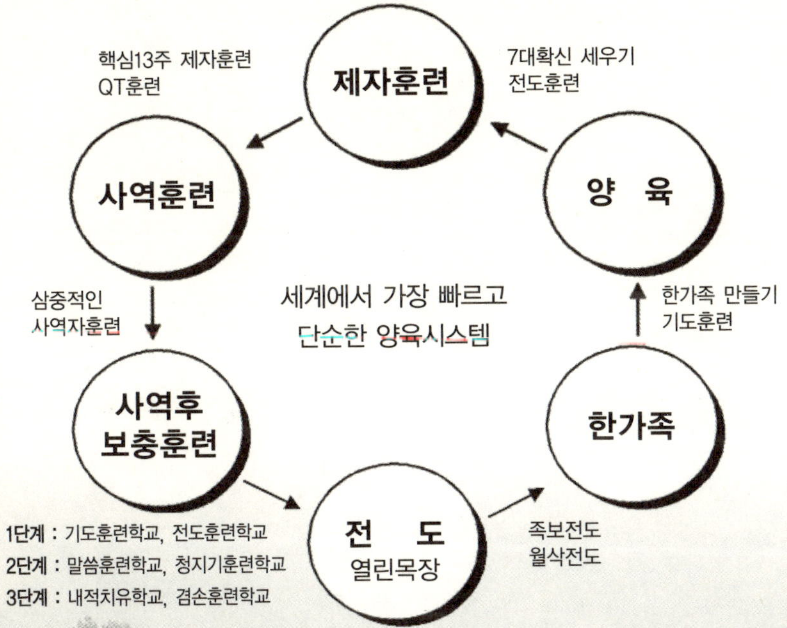

Ⓓ : 제자(Disciple)의 첫 글자로서 예수님의 제자를 의미합니다.

③ : 예수님의 제자를 만드는 세 가지 방법을 의미하며, 3권의 훈련교재로 양육하고, 3가지 방법으로 훈련하며, 3단계로 사역자가 된 후 보충훈련을 합니다.

* 'D3 양육시스템' 은 3가지 훈련교재, 3가지 훈련방법, 3단계 보충훈련으로 세계에서 가장 빠르고 단순하게 평신도를 사역자로 훈련시키는 양육시스템입니다.

1부

우리가하나되는교회 이야기

1장_ 우리가하나되는교회의 탄생

2장_ 건강하고 행복한 교회

3장_ 우리가하나되는교회의 비전

01
우리가하나되는교회의 탄생

"우리가하나되는교회는

한국의 모든 교회가

평신도사역형 교회로 전환하도록 돕고,

노인복지 신앙공동체의 운영을

그 사명으로 탄생한 교회이다."

01

_ 낮추심 중에 베푸신 은혜

분당에 교회를 개척하여 급성장하던 중 IMF가 터졌다. 교회 건물 주인의 사기로 건물이 경매되어 나는 7년간 사역하던 교회를 폐쇄하고(「목사님, 이렇게 하면 교회 문닫습니다」 참조, 베다니출판사), 금호동에 있는 OOOO교회의 초빙을 받아 부교역자 사역을 시작했다.

그곳으로 부임해 갈 때는 1년만 있다가 담임 목회자로 갈 계획이었지만 내 뜻대로 되지를 않았다. 하나님께서 금호동 골짜기에 4년간 꽁꽁 묶어 두시고 나를 연단하셨다.

이미 신학을 시작하면서부터 오랜 세월 동안 수없이 많

은 훈련을 받았기에 연단이 끝났다고 생각했었다. 그것은 완전한 착각이었다. 더 큰 연단으로 나를 계속 낮추시고 계셨다.

30대 후반에 서울의 잠실에서 수천 명 모이는 교회에서 수석 부목사를 했고, 분당에서 7년간 담임목회를 하던 자가 도리어 40대 중반에 3-4백 명 가량 모이는 교회의 부교역자가 되어 담임목사의 눈치 속에 사역을 하려고 하니 참으로 고통스럽기가 그지없었다. 하지만 그 때에 나를 붙잡아 준 말씀이 있었다.

"그러므로 하나님의 능하신 손 아래서 겸손하라
때가 되면 너희를 높이시리라"(벧전 5:8).

나는 새벽마다 이 말씀을 붙들고 기도하면서 수없이 많이 울었다. 왜냐하면 지금 이렇게 나를 낮추시는 이유가 교만 때문이라는 것을 너무나도 잘 알고 있었지만 말처럼 쉽게 겸손해지지가 않았기 때문이었다.

그러나 동시에 나는 이 말씀을 붙잡고 큰 위로와 소망을 가졌다. 왜냐하면 비록 지금은 하나님께서 나를 낮추셔도 때가 되면 반드시 전능자의 손에 붙잡혀 크게 쓰임을 받을 것이라는 확신이 들었기 때문이었다. 마치 요셉이 형들에게 팔려 애굽에서 종살이를 하고 또 억울하게 누명을 써서 감옥에 갇혔지만 때가 되자 한 순간에 애굽의 총리가 되게 하셨던 것처럼 말이다.

하나님은 나의 교만을 징계하셨지만 동시에 은혜도 베풀어주셨다. 그것은 부교역자의 신분이었지만 제자훈련을 할 수 있는 기회를 주신 것이다. 사실 당시에는 그것이 은혜인지를 몰랐다. 그러나 후일에 그것이 하나님께서 베푸신 은혜임을 뼛속 깊이 깨닫게 되었다.

제자훈련은 담임목사가 해야 한다. 왜냐하면 담임목사가 제자훈련에 대한 목회비전을 가지지 않는 상황에서 부교역자가 제자훈련을 하면 교회에 문제가 발생할 확률이 매우 높기 때문이다.

조금 전 밝힌 대로 그 교회에 부임할 때에 길어야 1년 정도만 있을 계획을 했기 때문에 부임한 첫 해에는 제자훈련을 할 생각을 갖지 않았다. 왜냐하면 제자훈련 사역은 성격상 시간적인 여유를 요하는 사역이기 때문이다.

그러나 1년이 지나도 청빙하는 교회가 없었다. 그리고 사역지가 옮겨질 기미조차 보이지 않았다. 나는 모든 것을 주님께 맡기고 제자훈련 사역에 관심을 갖기 시작했다.

그러나 내가 4년간 섬겼던 교회의 담임목사님이 부흥목회의 비전을 가지고 있었을 뿐만 아니라, 개척 초창기에 부교역자가 제자훈련을 해서 문제가 발생한 적이 있었기 때문에 처음에는 내가 평신도들을 훈련시키는 것을 별로 달가워하지 않았다.

그런 상황 속에 우여곡절을 겪으면서 제자훈련을 시작하게 되었다. 그렇기 때문에 사역 중에도 어려움이 너무 많았다. 중간에 포기하고 싶은 마음이 들 때가 한두 번이 아니었다.

그러나 주님만 바라보고 끝까지 인내를 하였다. 3년간 매주일 한 시간씩 훈련시켜 약 25명의 평신도사역자를 배출시켰는데, 훈련받은 평신도사역자들이 목회자 못지않게 열심히 사역하는 것을 보면서 큰 위로와 힘을 얻었다.

평신도사역자로 임명을 받게 되면 성도들의 양육을 맡

게 된다. 양육과정은 새가족 만들기, 7대확신 세우기, 핵심13주 제자훈련이었는데 교사의 능력에 따라 각각의 과정을 분담하도록 했다.

새가족 만들기는 한 사람에게 맡기지 않고 각 과마다 전담교사를 두어 양육하도록 했고, 7대확신 세우기와 핵심13주 제자훈련 과정은 한 사람이 전 과정을 양육하도록 했다.

새롭게 등록하는 성도가 없어 사역이 없는 경우에는 다른 사람이 하는 것을 견학하게 하였고, 계속해서 주일 오후에 1시간씩 보충훈련을 하였다.

금호동은 옛날부터 가난한 달동네였다. 그래서 성도들 가운데 대학을 졸업한 사람이 거의 없었고 연세 드신 분들이 많았다. 제자훈련을 받은 성도들 가운데도 대학을 졸업한 사람은 손에 꼽을 정도였고, 젊은 사람들도 많지 않았다. 그러나 훈련받아 평신도사역자가 된 분들의 사역은 나를 흥분시켰고 큰 보람을 느끼게 하였다.

교회에 일단 등록하면 누구나 의무적으로 새가족 만들

기 과정을 마치도록 했기 때문에 교회에 정착하여 신앙생활을 하려면 누구나 평신도사역자들에게 기초 양육을 받아야 했다. 심지어 신학생이나 타 교회에서 오신 장로님도 이 과정을 마쳐야 했다.

지방에서 살다가 사업차 교회 근처로 이사를 오셔서 등록하신 장로님이 한 분 계셨다. 그분은 평신도들이 제자훈련을 한다고 해서 처음에는 대수롭지 않게 생각하였다.

그러나 새가족 만들기 과정과 7대확신 세우기 과정을 통해 평신도사역자들이 가르치는 것을 직접 체험하고 나서는 생각이 완전히 바뀌게 되었다고 간증하였다.

설문지를 통하여 평신도사역자들의 사역에 대하여 어느 정도로 만족하느냐는 질문을 했더니 대부분의 성도들이 '대단하다' 는 평가를 해줄 정도였다.

많은 평신도사역자 중에 특별히 박미하 집사님의 사역은 눈부실 정도였다(현재 권사). 그분은 주일에 각 과정의 성경공부를 인도하는 것은 기본이고, 평일에도 교회나 집으로 찾아가서 개인적으로 매주 10명 이상을 양육하였다. 전문 사역자라도 감당하기 힘든 분량의 사역이다.

또 조양례 권사님은 60세가 넘었고 본인의 말대로 가방 끈이 짧았지만 평신도사역자 훈련을 받은 후 전혀 다른 사람으로 바뀌었다. 많은 사람들을 전도하고 양육하는 유능한 사역자가 되었다.

나는 그 교회에서 4년간 사역하면서 평신도들을 사역자로 만들기 위해 기도하며 애를 썼다. 평신도들을 양육하고 훈련하는 일에 온 정열을 쏟아 부었다.

이 4년간 사역한 내용을 중심으로 총신대학 목회신학전문대학원 박사과정에서 "평신도사역형교회로의 전환을 위한 효과적인 방안 연구"라는 제목으로 신학박사학위(Th.D.)를 받았다.

영광스럽게 하나님께서 대학원 제1호로 박사학위를 받게 하셨고, 'D3 양육시스템'이라는 평신도사역자 양육시스템을 개발하게 하셔서 평신도들을 양육하고 훈련하는 일에 날개를 달아주셨다.

_무산된 교회 부임

사역이 본 궤도에 올라 평신도사역자들의 수가 더 점점 많아지게 되었다. 그러나 부목사로서 사역의 한계를 절감하지 않을 수가 없었다. 교회에 더 있으면 담임목사님의 목회에 부담이 된다는 것을 너무나 잘 알고 있었기 때문에 나는 신문에 청빙 광고를 낸 교회에 부지런히 이력서를 제출했다. 백여 명이 넘는 지원자들 가운데 1-3명 안에 뽑히는 은혜를 수차례 입었다. 그러나 마지막 최종 심사에서 매번 탈락하여 중형 교회(500-1,000명)에 부임할 기회를 다섯 번이나 놓쳤다.

그 때마다 느꼈던 절망감과 허탈감은 이루 말할 수 없었다. 그 당시 40대 중반을 넘어 50세를 바라보고 있었기 때문에 한편으로는 초조한 마음도 생겼다.

담임 목회자 청빙에 응모하기 위해서는 이력서와 주민등록등본은 기본이고, 그것 말고도 10여 가지 서류를 제출해야만 한다. 그 몇년간에 담임 목사 청빙에 응하기 위하여 각종 서류를 준비하는데 쓴 경비만 해도 100만원은 족히 넘을 것이다.

차제에 한국 교회의 담임목사 청빙제도에 대하여 하고 싶은 말이 있다.

첫째로, 형식적인 청빙 광고는 하지 말아야 한다. 일반적으로 많은 교회들이 미리 청빙 대상자를 확정해 놓고 광고는 형식적으로 신문에 내는 경우가 많다.

이런 행위는 근절되어야 한다. 많은 주의 종들이 이런 관행을 모르고 서류를 준비하기 위하여 많은 돈을 쓰고 정신적으로 스트레스와 상처를 받는지를 깊이 헤아려야 한다.

둘째로, 담임목사를 청빙하는 일을 위임 맡은 위원들은 정직하고 공정하게 서류를 다뤄야 한다. 교회의 지도자를 선별하는데 공정하지 못하면 청빙받은 목회자의 지도력에 큰 상처를 입히는 것이고 소신껏 목회를 하지 못하게 하는 것이다.

셋째로, 제출 서류를 단계적으로 제출하게 해야 한다. 처음부터 많은 서류를 제출하도록 하지 말고 어느 정도 가능성이 있다고 판단되는 목회자들에게만 추가 서류를 요구해야 한다.

어떤 교회는 처음부터 건강진단서를 제출하라고 요구한다. 그런데 건강진단서를 발급 받으려면 30만원 정도의 경비가 소요된다. 최종 인터뷰도 아니고 처음 단계에서부터 이렇게 많은 돈을 들여 건강진단서를 제출할 목회자가 얼마나 있겠는가?

넷째로, 청빙을 받지 못한 목사들에게는 응모한 서류를 되돌려 주어야 한다. 왜냐하면 제출한 서류가 이곳 저곳으로 돌아다니게 되어 개인의 정보가 밖으로 유출될 수 있기 때문이다. 또 청빙을 준비하는 목사들은 거의 다 경제적으로 어려운 상황에 있는데 서류를 제출할 때마다 다시 준비하는데 드는 돈을 무시할 수 없기 때문이다.

여러 차례 담임목사 청빙 건이 무산되자 문득 나에게 이런 생각이 들었다.

"혹 하나님께서 개척하라고 그러시는 것이 아닐까?"

나는 개척은 정말 하기 싫었다. 2억이나 들여 설립한

교회를 건물 주인의 사기로 5년간 고통을 당하다가 결국 5백 7십 만원 밖에 받지 못하고 쫓겨나야 했던 과거를 떠올리면 개척은 두 번 다시 하기 싫었다. 특히 개척 교회는 아내가 목회의 절반은 감당해야 하는데 당시 아내는 건강이 좋지 않아 개척을 반대하고 있었고 육신적으로, 정신적으로 안정을 취해야 할 상황이었다. 그렇다고 그 교회에서 부교역자로 계속해서 있을 수도 없는 상황이었다.

_ 청계산 특별기도

2004년 3월, 어떤 권사님으로부터 "목사님, 마포구 상수동에 교회 자리가 있는데 한번 가보지 않겠습니까?"라는 제의를 받았다. 그러나 그 때에는 이미 담임목사 청빙서류를 제출하고 거의 결정을 기다리고 있는 상황이라 썩 마음에 내키지 않았지만, 그냥 한번 가 보기로 했다. 자리는 오피스텔의 부속건물 지하였는데, 내부는 최신식으로 인테리어가 되어 있었다. 또 별도의 주방, 화장실, 기도실, 창고 등이 있어 개척 교회의 건물로서는 손색이 없었다. 그러나 건물은 보았지만 그 후로 나의 생각에서 잊혀져가고 있었다.

그런데 그 해 8월이 되어도 청빙 건이 결정되지 않은 상황에서 그 권사님이 다시 한번 "목사님, 그 건물에서 개척하면 어떻겠습니까?"라고 제의를 하셨다.

그 말을 듣는 순간, 혹 그곳에서 개척하는 것이 주님의 뜻일 지도 모른다는 생각이 들어 나는 평소 기도를 같이 하던 몇 분과 함께 청계산에 올라가 기도를 하였다. 40일간 기도를 작정하고 밤 12시부터 4시까지 밤을 새워가며 주님의 인도를 구하였다.

기도하던 중 그곳이 하나님께서 예비하신 사역지라는 확신이 들었다. 기도 후 그곳에 교회를 개척할 의사를 밝히자 몇 사람이 함께 할 뜻을 보였다. 그리고 준비 모임을 서너 번 가졌다.

그런데 먼저 해결해야 할 문제가 있었다. 하나는 개척을 반대하는 아내의 마음을 돌리는 것이고, 다른 하나는 그 건물에 들어가기 위해 필요한 자금을 확보하는 것이었다. 다행히 개척에 동참할 생각을 가진 분들이 아내를 불러내어 생활비 문제를 책임지겠다고 설득하여 어느 정도 마음을 돌려놓았다.

이제 남은 것은 그 건물에 들어가기 위한 돈인데, 그 자금을 어떻게 마련하느냐는 것이었다.

_ 여호와 이레

우리가 사용하고 있는 교회 건물은 '제이캐슬 레지던스' 라는 오피스텔의 부속건물인데, 지을 때부터 교회로 사용하려고 계획된 건물이었다. 그래서 오피스텔 이름도 '제이캐슬 레지던스' 라고 명명했다. '제이캐슬' 은 영어로 'Jesus Castle' 로서 '예수님 성' 이라는 뜻이다. 건축주의 계획대로 건물 지층을 교회로 꾸미고 미국에서 목회하던 목사님을 청빙하여 예배를 드리고 있었다.

그런데 건축주가 무리한 경영으로 부도를 내고 미국으로 피신하자, 미국에서 모셔 온 목사님도 생활이 안 되어 그만 두고 떠나서 교회가 비어 있는 상태였다. 하지만 그 건물의 내부 인테리어 공사를 한 분이 공사 비용을 받지 못하여 그곳을 점유하고 있었기 때문에 그곳에 들어가기 위해서는 우리가 그 공사비용을 대납해야 했다. 그 당시 나는 가진 것이 전혀 없었다. 오히려 부교역자로 사역할 때에 사례비가 적어서 빚을 지고 있는 상태였다.

거기에다 개척을 하면 헌금하겠다고 하던 분들이 실제

로 개척을 진행하자 한 푼도 내놓지를 않았다. 말로는 한 가정 당 3,000~4,000만원씩 헌금하여 1억은 준비하겠다고 하더니 서로 눈치만 보고 있었다. 결국은 건물을 소개해 준 권사님 가정 외에는 개척에 동참하지 않겠다는 의사를 전달해 왔다. 그러자 건물을 소개해 준 권사님도 거의 포기를 한 상태였다.

그런데 이상했다. 내 마음은 그곳으로 꼭 가야만 한다는 사명감에 불타고 있었다. 사람을 의지하지 말고 오직 주님 한 분만 의지하기로 결심했다. 나는 다시 21일간을 작정하고 청계산에 올라가 밤을 새며 기도하기 시작했다.

기도한 지 몇 일이 지났다. 어떤 분한테서 전화가 왔다.

"목사님, 내가 전도해서 신앙생활을 잘하는 사람이 있는데, 그분의 사업장에 가서 예배를 드려주었으면 좋겠습니다. 시간이 있으신지요?"

나는 평소 전도할 대상자가 있거나 심방할 대상자가 있으면 거리를 상관하지 않고 다니던 터라 쾌히 승낙을 하고 함께 심방을 갔다. 심방을 마치고 오다가 그분에게 개척에 관해서 이야기를 나누고 싶은 마음이 들었다.

나는 대략 개척의 진행 과정을 말했다. 그러자 자신이 그 돈을 거의 다 감당할 의사를 내비치었다. 전혀 뜻밖이었다.

사실 그분은 기초생활수급자였다. 다시 말해 생활능력이 되지 않아서 정부의 보조금을 받고 생활하는 분이었다. 처음에는 그분의 말을 반신반의하였다.

그런데 그분은 약속한 지 일주일도 안 되어 자신이 약속한 돈을 나에게 직접 전달해 주었다. 주님은 이 일을 위하여 그분의 마음을 여셨고, 그 귀한 일에 그분을 사용하셨던 것이다.

주님께서 여호와 이레 되심을 다시 한번 경험하게 하셨다. 그러자 잠시 개척에 주춤하고 있던 권사님 가정도 모자라는 금액을 헌금하여 드디어 건물을 임차할 수 있게 되었다.

_ 불어닥친 시험

추수감사주일부터 예배를 드릴 계획으로 2004년 11월 첫째 주에 교회를 전격적으로 사임하였다. 그리고 들어갈 교회에서 첫 예배를 위한 21일간 특별 기도를 하면서 교회 간판을 비롯하여 성물을 준비하기 시작하였다.

그런데 교회 개척을 처음으로 제의했고 헌금하신 분이 시험에 들었다. 시험의 원인을 정확히 모르겠는데, 발단은 교회의 이름을 짓는 것에서 시작되었다. 교회를 시작하려면 당연히 교회의 이름을 지어야 하지 않겠는가? 그런데 이런 저런 이름을 생각해봤지만 선뜻 결정을 내리지 못하고 있었다.

그런 가운데 함께 기도하던 분 중에 한 분이 주님께서 교회의 이름을 '우리가하나되는교회'로 지으라는 감동을 주셨다고 말했다. 나는 그 말을 듣는 순간, 예수께서 기도하신 내용이 떠올랐다.

"내게 주신 영광을 내가 저희에게 주었사오니 이는 우리가 하나가 된 것 같이 저희도 하나가 되게 하려 함이니이다"(요 17:22).

그러나 선뜻 그 이름을 따를 수가 없었다. 왜냐하면 주님께서 주의 종에게 직접 교회의 이름을 주실 걸로 생각하고 있었는데 다른 분을 통하여 주셨기 때문이다. 나는 계속해서 주님이 기뻐하시는 교회 이름을 달라고 기도하였다.

특별기도 중간 즈음에 주님께서 나를 책망하셨다.

"내가 이미 교회 이름을 주었는데, 왜 순종하지 않느냐?"

그래서 나는 교회의 이름을 '우리가하나되는교회' 라고 짓겠다고 선포했다.

그런데 개척을 제의하셨던 분이 반대 의사를 표시하였다. 교회 이름이 너무 길고 가족들도 탐탁하지 않다는 것이었다. 보통 고민되는 것이 아니었다. 그러나 주님께 순종하기로 결단하고 '우리가하나되는교회' 라는 이름을 우리 교회의 이름으로 최종 결정했다. 이것 때문에 그분이 다소 마음의 상처를 입었던 듯하다.

또 한 가지는 교회의 칸막이 공사 때문이었다. 교회의

공간이 예배당만 있어서 갓난아이가 오거나 평일에 목사나 교회 사역자들이 있어야 할 곳이 마땅히 없었기 때문에 칸막이 공사는 불가피했다. 그런데 그분은 공간이 적은데 칸막이까지 하면 안 된다고 하면서 강하게 반대하였다. 그러나 전에 사역하던 교회에 처음으로 부임하여 성경공부를 가르쳤던 분의 전액 무료 봉사로 계획대로 칸막이 공사를 진행하였다.

나중에 이 문제는 본인도 필요성을 어느 정도 인정하여 그런대로 개척이 준비되어가고 있었다. 그런데 무슨 이유인지 모르지만 특별기도회 기간 중 기도회도 나오지 않고 전화 연락을 끊고 잠적해 버렸다.

일주일이 지난 후 연락이 왔다. 만나서 함께 식사를 하던 중에 개척을 포기하겠다고 말하였다. 더구나 헌금한 것 중의 일부를 다시 찾아가겠다고 하는 것이었다.

순간 충격이 컸다. 그분이 교회를 떠나면 그 자녀들도 모두 떠나게 되어 인간적으로 생각하면 교회를 운영할 수가 없었다. 사실 그분이 한 달에 200만원씩 생활비를 책임지겠다는 약속을 하고 개척을 시작했던 것이었다.

앞이 캄캄했다. 순간 일종의 배신감으로 인해 아픔이 컸다. 하지만 그 가운데서도 내가 붙잡은 말씀이 있었다.

"우리가 알거니와 하나님을 사랑하는 자 곧 그 뜻대로 부르심을 입은 자들에게는 모든 것이 합력하여 선을 이루느니라"(롬 8:28).

하나님은 모든 것을 합력하여 선을 이루시는 분이시다. 나는 어떤 어려움이 닥쳐와도 이 말씀을 붙잡고 기도한다. 그리고 이 약속대로 하나님께서 합력하여 선을 이루어주심을 늘 경험하고 있다.

_ 시험 중에 드린 첫 예배

2004년 11월 21일.

드디어 첫 예배를 다시 드리게 되었다. 나중에 설립예배를 다시 드릴 생각으로 사람들에게는 일부러 알리지 않고 했다. 단지 우리 집안과 처가 집과 첫 예배를 드린다는 것을 알고 찾아온 몇몇 사람들과 함께 조촐하게 예배만 드렸다.

첫 예배 드리는 날이 추수감사주일이라 감사에 관한 메시지를 전했다. 개척을 주도했던 분이 떠난 충격이 컸기에 추수감사예배를 드렸지만 마음이 왠지 편치 않았다.

나는 철야 기도를 작정하고 밤마다 교회에 나가 기도를 했다. 하나님의 말씀을 붙잡고 밤마다 기도했는데, 이 때에 내가 붙잡은 말씀이 예레미야 29장 11-13절 말씀이었다.

> "나 여호와가 말하노라.
> 너희를 향한 나의 생각은 내가 아나니
> 재앙이 아니라 곧 평안이요
> 너희 장래에 소망을 주려하는 생각이라.
> 너희는 내게 부르짖으며 와서 내게 기도하면
> 내가 너희를 들을 것이요

너희가 전심으로 찾고 찾으면 나를 만나리라."

주님은 첫 예배를 드리기도 전에 당했던 시험이 재앙이 아니라 오히려 평안이고 장래에 소망을 주기 위한 것임을 알게 하셨다. 그리고 그 일이 그렇게 성취되게 하려면 더욱 더 하나님께 나아가 부르짖어 기도해야 함도 알게 하셨다. 시험의 의미를 깨닫게 되자 앞으로 교회의 재정문제를 어떻게 해결해 나갈 것인지 걱정이 안 되었다.

하나님께서는 그 믿음을 보시고 교회의 재정을 채워주셨다. 다른 사람에게 도와 달라고 손을 벌리지 않아도 재정적으로 자립할 수 있도록 은혜를 주셨다. 나는 다시 한번 빌립보서 4장 19절의 말씀이 사실임을 확인할 수 있었다.

"나의 하나님이 그리스도 예수 안에서 영광 가운데
그 풍성한대로 너희 모든 쓸 것을 채우시리라."

첫 예배를 드린 다음 주였다.

40대 후반으로 보이는 부부가 주일 낮예배에 참석했다. 너무나 기뻤다. 사실 우리 교회는 사람들이 거의 다니지 않는 외진 곳에 있기 때문에 전단지도 돌리지 않은 상태에서 스스로 교회에 찾아왔다는 것은 정말 놀랄만한 일이었다.

가만히 그들의 이야기를 들어보니 사연이 있었다.

"우리는 원래 여의도 순복음 교회를 다녔어요. 그런데 이 건물에서 교회가 개척됐을 때에 개척 멤버가 되어 섬기던 중에 교회가 갑자기 문을 닫게 되었습니다. 우리는 할 수 없이 집 근처에 있는 교회에 가서 주일 낮예배만 드리고 있었지요. 그런데 어느 날 교회 건물 간판이 새로 바뀐 것을 봤어요. 그래서 나오게 되었습니다."

그분은 교회가 문을 닫게 되었다는 소식을 듣고 몇몇 분이 밤마다 모여 기도했다고 한다. 그 때 하나님께서 교회의 문을 닫지 않고 부흥을 주신다고 했다는 것이다. 그런데 교회의 문을 닫게 되자 응답을 잘못 받은 줄 알았는데, 하나님의 말씀대로 다시 교회가 문을 열었다면서 기쁨을 감추지 못하였다.

02
건강하고 행복한 교회

"건강하고 행복한 교회가 되려면

모든 성도가 사역을 해야 한다.

왜냐하면 교회는 그리스도의 몸이고

성도는 그 몸의 각 지체이기 때문이다."

02

_ 비전과 사랑으로 하나 되다

비전은 교회가 나아갈 방향을 제시한다. 그래서 비전이 없는 교회는 방향을 잃고 항해하는 배와 같다. 우리 교회는 두 가지 비전 위에 교회를 세워가고 있다. 기둥이 건물을 받치고 있듯이 이 두 비전이 우리 교회를 이끌어가고 지탱하고 있다. 그렇기 때문에 우리는 이 두 비전을 '기둥 비전' 이라고 한다.

교회가 비전만 있다고 해서 자연적으로 성장하는 것이 아니다. 그 비전을 하나 되게 하여 계속해서 나아가게 하려면 그 비전을 묶는 끈이 필요하다. 그 끈이 바로 사랑이다.

비전은 나아갈 방향이 분명하기 때문에 비전을 강조하는 교회는 목표지향적일 수밖에 없다. 목표지향적인 교회에서 가장 중요하게 여기는 것은 '사역' 이다.

따라서 교회가 비전만 너무 강조하면 일 중심의 교회가 되기 쉽다. 일 중심의 교회가 되면 어느 정도 일은 잘 진행되어 갈지 몰라도 공동체 안에서 갈등과 마찰이 일어나기 쉽다.

사도행전 15장에 나타난 바울과 바나바의 관계에서 이를 잘 알 수 있다. 바나바는 관계 중심의 사람이었기 때문에 제1차 전도여행 도중에 집으로 돌아간 마가 요한을 제2차 전도여행에도 데려가자고 했다.

하지만 바울은 사역 중심의 사람이었기 때문에 한 가지로 일하러 가지 아니한 마가 요한을 또 다시 전도 여행에 데리고 갈 수 없다고 주장했다. 결국 두 사람은 마가 요한의 문제로 심히 다투고 갈라지게 되었다.

물론 하나님은 모든 것을 합력하여 선을 이루어가신다. 그러나 영적 지도자들이 마가 요한의 일로 서로 다투고 갈

라진 것은 바람직한 일이 아니다.

따라서 교회가 비전을 향해 나아갈 때에 꼭 함께 가야 할 동반자가 바로 사랑이다. 사랑이 없는 비전은 언제 침몰하지 모르는 배와 같다. 종종 비전을 붙잡고 나아갈 때에 그 길을 방해하는 요소들을 단칼에 베어버리고 싶은 마음이 생기는 경우가 한 두 번이 아니다. 그 때마다 그것을 제어하는 것이 '사랑' 이다. 사랑은 조건없이 믿고, 기다리고, 참아주는 것이다(고전 13:4-7).

우리 교회의 '로고' 중에 초록색 둥근 선과 빨간색 둥근 선이 있다. 초록색 둥근 선은 비전을 의미하고, 빨간색 둥근 선은 사랑을 의미한다. 그 밑에 길게 그어진 고동색 둥근 선은 하나 됨을 의미한다.

이처럼 교회 '로고' 속에도 비전과 사랑으로 하나 됨을 그려놓은 이유는 비전과 사랑의 두 요소가 교회 성장에 없어서는 안 될 절대적인 요소이기 때문이다.

나는 성도들에게 늘 이 두 가지를 심어주고 있다. 성도들이 자신도 모르는 사이에 머리와 가슴에 새겨지도록 반복하고 있는 것이다.

하루는 재정을 담당하고 있는 집사님이 헌금 봉투 문제를 가지고 건의를 하였다. 그 집사님이 이렇게 물었다.

"그렇게 말하는 사람이 누구죠?"라고 하자, 재정담당 집사님이 "목사님, 우리 교회가 비전과 사랑으로 하나 되는 교회인데 제가 그것을 말하면 그 사람과 목사님을 이간질하는 것 같아 이야기할 수 없습니다."라고 대답을 하는 것이었다.

나는 그 말을 듣는 순간, 내가 늘 "교회는 비전과 사랑으로 하나 되어야 한다"고 외친 것이 성도들에게 잘 전달되고 있음을 확인할 수 있었다.

나는 성도들이 교회 행정에 대하여 건전하게 비판하고 소신껏 의견을 내놓기를 원한다. 건설적인 비판과 의견 제시는 비전을 방해하는 것이 아니다. 오히려 비전을 따라 나아가는 길에 발생할 수 있는 불청객들을 사전에 제거하는 바람직한 현상이다.

그러나 교회 행정에 어떤 의견을 제안하는 것이 혹시 '비전과 사랑으로 하나 되는 것' 을 방해하지나 않을까 걱정하는 모습이 오히려 아름답게 보였다.

_ 우리가하나되는교회의 5대 특징

우리 교회는 5가지 특징을 자랑으로 여기고 있다.

첫째, 가장 빠르게 평신도를 사역자로 만드는 교회– 'D3 양육시스템' 은 가장 빠르고 단순하게 평신도를 사역자로 만드는 양육시스템이다. 이 시스템에 의해 양육과 훈련을 받으면 기존 신자는 4~5개월 안에, 새신자는 7~8개월 안에 사역자가 된다.

둘째, 매주 성찬식으로 하나 됨을 이루어가는 교회– 교회는 비전과 사랑의 공동체가 되어야 한다. 온 성도가 하나되는 일에 성찬식만큼 탁월한 방법이 없다. 일반적으로 교회들이 1년에 두 번 정도 성찬식을 갖고 있다. 하지만 우리 교회는 매주마다 성찬식을 하여 주 안에서 하나 됨을 이루어가고 있다.

셋째, 모든 성도가 날마다 큐티하는 교회– 성도들이 날마다 큐티를 하지 않으면 주님과 친밀한 관계를 유지할 수 없고, 신앙이 건강하게 자랄 수 없다. 우리 교회는 온 성도들이 큐티를 하도록 권장하고 주일 오후에는 큐티를 함께 나누게 한다.

넷째, 날마다 기도와 전도에 힘쓰는 교회– 초대 교회가 '날마다' 집에 있든지 성전에 있든지 예수는 그리스도라 가르치고 전도하기를 쉬지 아니하였던 것 같이, 우리는 날마다 교회에 모여 기도하고 전도한다.

다섯째, 노인 성도들이 사역하는 교회– 노인이라고 해서 예배만 드리고 교회의 모든 사역에서 쉬게 하는 것은 바람직한 일이 아니다. 노인들도 사역할 수 있도록 양육하고 훈련하여 사역자로 만들어야 한다. 우리 교회는 70세가 넘는 사람들도 사역자가 되어 젊은 사람들을 능가할 만큼 눈부신 활동을 하고 있다.

이 5가지 특징 중에서 특별히 우리가하나되는교회 만이 가지고 있는 특징은 **'가장 빠르게 평신도를 사역자로 만드**

는 시스템을 가지고 있다는 것'과 **'노인 성도들이 사역을 한다는 것'**이다.

우리 교회는 예수를 믿은 지 채 1년도 안 되는 노인 성도들이 사역을 매우 역동적으로 하고 있다. 바로 이 특징들이 본서가 태어나게 된 결정적인 동기이다.

이제 곧 그 사역현장을 직접 목도하게 될 것이다.

_ 건강하고 행복한 교회

1998년 런던 정경대학(LSE)에서 국가별 행복도를 조사한 바가 있었다. 조사 결과 세계에서 가장 행복한 나라는 방글라데시, 아제르바이잔, 나이지리아가 각각 1, 2, 3위를 차지했다.

이것을 통하여 우리가 알 수 있는 한 가지 사실은 행복은 외적인 조건에 있지 않다는 것이다. 행복은 외적인 요소보다는 내적인 요소에 의하여 크게 결정된다. 적어도 행복을 누리려면 다음의 두 가지 요소가 있어야 한다.

첫째는 건강이다. 건강과 행복은 비례한다. 병에 걸려서 전혀 움직일 수 없는 상황에 처해 있거나, 죽음을 앞에 둔 사람이 '나는 행복해' 라고 한다고 해서 그 사람을 진짜 행복하다고 할 사람은 없다. 행복하기 위해서는 건강이 필수적이다.

어떤 몸이 건강한가? 몸의 지체가 다 움직여야 건강한 몸이다. 마찬가지로 모든 성도가 사역을 해야 건강한 교회라 할 수 있다.

둘째는 감사이다. 우리 삶에 일어나는 90퍼센트는 태도에 따라 달라질 수 있다. 감사는 주어진 현실을 그대로 받아들이는 것이다. 감사할 거리를 찾아내는 만큼 행복지수도 올라간다. 아무리 가진 것이 많아도 감사할 줄 모르는 사람은 행복한 사람이 아니다.

우리가하나되는교회를 건강하고 행복한 교회라고 하는 데에는 그럴만한 이유가 있다. 모든 성도가 사역을 할 뿐만 아니라 열악한 환경에서도 감사한 마음으로 하나가 되어 있기 때문이다.

우리는 현재 건물의 지하에서 깔세로 임대해 있다. 깔세란 보증금을 주고 일정기간이 지나면 보증금이 없어짐과 동시에 임대차 계약이 만료되는 것을 말한다. 그러나 성도들은 교회가 작다고 해서, 또 지하라고 해서 불평하는 성도가 없다. 오히려 아담하고 예쁜 교회라고 감사하고 있다.

_ 주님을 감동시키는 자들

우리 교회는 주님을 감동시키는 한 사람의 헌신으로 시작된 교회이다. 교회의 시작이 그렇게 시작되어서인지는 몰라도 계속해서 주님을 감동시키는 성도들이 모여든다. 주님을 감동시키는 분들이 많지만, 장년 성도 중 몇 분만 불가불 소개하고자 한다.

조정란 집사님은 대학 졸업 후 교통 사고로 다리 장애를 갖게 되었다. 그러나 그 장애를 믿음으로 극복하고 말씀대로 살려고 몸부림을 치고 있다. 장애인이기 때문에 교통 수단을 이용할 때에 할인 받는 돈을 계산하여 재소자와 결연을 맺고 다년간 매달 수만원씩 영치금을 넣어주면서 자신보다 더 어렵게 사는 이웃들을 섬기고 있다. 남편의 도움 없이 혼자 살면서 대학생 딸을 공부시키는 것만 해도 보통 사람으로서는 감당하기 힘든 일이다.

그러나 그 집사님은 소망과 믿음으로 그런 일을 해 나가고 있다. 부족한 종이 박사 학위 논문을 쓸 때에도 돈이 많이 든다는 것을 알고는 그동안 숨겨둔 반지 20여 돈을 팔아 줄 정도로 섬기며 헌신적인 분이다.

현옥희 집사님은 한 마디로 온유한 사람이다. 언제 보아도 늘 웃는 인상이다. 집이 금호동으로 멀고 네 살배기 딸이 있어 우리 교회에 다니기가 쉽지 않음에도 충성을 다하고 있다. 봉사를 하되 말없이 뒤에서 불평이나 원망을 하지 않는다. 하나님께서 그 집사님의 신실함을 보시고 부족한 종의 안수 기도를 통하여 머리의 물혹과 관절염을 치료해 주시기도 하셨다. 속히 아파트가 팔려서 교회 근처로 이사 오기를 기도하고 있다. 남편 김영수 집사님은 우리 교회 최초의 남자 서리 집사이다. 간사함이 없고 묵묵히 주님을 따라가는 신실한 일꾼이다.

강희옥 집사님은 남편의 구원을 위해 20년간 기도했는데, 남편이 구원을 받고 시어머니와 딸들까지 우리 교회에 등록을 하자 40년간 섬기던 교회를 떠나 우리 교회로 오신 분이다.

가족의 신앙 화합을 위해 40년간 섬기던 교회를 떠나

개척 교회로 옮기는 결단이 감동적이다. 특별히 강 집사님은 힘을 다하여 교회를 섬기고 있지만, 공치사를 하지 않고 다른 사람들을 배려하는 마음이 남다르다. 새로운 사업을 준비하고 있는데 그 사업의 수익금 절반을 교회의 복음 사업에 헌금할 계획을 세울 정도로 주님을 뜨겁게 사랑하는 분이다.

유영제 성도님은 아내인 강희옥 집사님의 끈질긴 기도로 주님께 돌아온 분이다. 우리 교회에서 예수를 영접한 후 주일을 빠지지 않고 지키고 있다.

현재 사업을 크게 하고 있는데, 매주일 몸이 불편하신 어머님을 모시고 주일 예배에 참석하여 말씀을 경청하고 있다. 거기다가 매 주일 점심 시간에 밥통을 직접 주방에서 나르는 일을 손수 감당하고 있다.

이경옥 집사님은 강희옥 집사님을 따라 우리 교회에 오신 분이다. 하나님께서 훈련하시는 중이라 경제적으로 어려움을 겪고 있지만 교회의 모든 일에 동참하고자 하는 마음이 아름답다.

제2기 훈련생으로 사역자 훈련을 받고 있는데 머지않아 평신도사역자로 크게 들어 사용하실 것을 의심치 않는다. 그리고 남편 되시는 정찬원 씨의 구원과 사업의 번창을 위해 기도하는 제목들이 속히 응답될 것을 믿는다.

전창덕 · 송경녀 집사님은 교회를 개척한 후 가장 먼저 등록하신 분이다. 우리 교회가 시작하기 전에 개척했던 교회에 다니다가 그 교회가 문을 닫자 잠시 동네 교회에 다니다가 다시 우리 교회가 시작을 하고 나서 오신 분이다. 전창덕 집사님이 마귀에서 눌려 10년을 넘게 고생하고 있는데, 다양한 방법으로 귀신으로부터 자유함을 얻으려고 하지만 아직도 풀림을 받지 않아 이를 지켜보는 목사의 마음이 몹시 아프다.

그러나 악한 마귀에게 10년간 괴롭힘을 당하고 있음에도 불구하고 주를 향한 믿음을 저버리지 않고 있는 모습, 10년 이상 함께 고통을 당하면서도 늘 웃는 얼굴로 말없이 교회를 섬기는 송경녀 집사님의 모습은 보는 이로 하여금 큰 감동을 불러일으키고 있다.

_ 꿈꾸는 청년들

뒤에서 소개하겠지만, 우리 교회에서 제일 먼저 평신도사역자 훈련을 받으신 분들이 노인들이라 혹 노인만이 판을 치는(?) 교회가 되지 않을까 하는 염려가 생겼다.

나는 주님께 기도를 드렸다.

"주님, 교회에 젊은 사람들이 많아지게 하소서."

이렇게 기도를 드릴 때에는 조정란 집사님의 딸인 이경현(총신대 기독교 교육학과 2학년 재학 중, 피아노 반주자, 유초등부 교육전도사) 자매 밖에 없었다. 기도를 하지만 정말 앞이 캄캄했다.

그런데 기도를 드린 지 얼마 되지 않아 청년들이 하나 둘 모이기 시작하여 이제는 10여 명의 청년이 출석하게 되었다. 그들 중에는 주일낮 미디어사역자로 일하고 있는 김요셉 형제, 창작 뮤지컬인 '마리아 마리아'에서 '마리아' 역을 맡았고 세계 4대 뮤지컬 중의 하나인 '미스 사이공'의 엘렌 역을 맡게 된 김선영 자매, 해외에서 유학을 하다가 귀국하여 세계적인 요리사를 꿈꾸며 준비하고 있는 유지민 자매, 모 대학 관현악과에 입학하여 찬양으로 하나님께 영광을 돌리기를 소원하는 유정민 자매, 가수 세븐의 열렬한 팬으로 교회 앞에서 서성거리다가 우리 교회의 일꾼이 되어 영어 무료 공부방의 강사로 헌신하고 있는 구민성 자매, 장차 유능한 정치학 교수가 될 것을 꿈꾸며 열심히 공부하고 있는 정혜지 자매, 한국을 대표하는 라커지만 장차 찬양사역으로 주님께 크게 영광을 돌리기를 소원하는 박완규 형제, 한국에서 가장 맛있는 커피를 만드는 바리스타가 되기를 꿈꾸는 김은미 자매 등이 있다.

나는 날마다 신명기 28장의 말씀을 믿고 우리 교회의 성도들이 큰 꿈을 갖고 하나님의 말씀에 순종하므로 세계적으로 쓰임받는 인물들이 되기를 기도하고 있다.

벌써부터 그럴만한 징조가 보이는 자매가 있어 잠깐 소개한다. 얼마 전 중앙일보에 난 '김선영' 자매 관련 기사 한 편이다.

그녀는 조만간 일본에서 '한류 스타'로 확 뜰지도 모르겠다. 지난달 '지킬 앤 하이드' 일본 공연 당시 조승우 못지 않은 관심을 받았기 때문이다. ‘쉬리’, ‘말아톤’을 수입했던 아뮤즈 엔터테인먼트 요키치 오사토 회장은 “저런 배우를 지금껏 몰랐다는 게 신기할 뿐”이라고 평했다. 그의 무대를 한번이라도 본 관객이라면 이런 칭찬이 결코 과장이 아님을 알 것이다.

03
우리가하나되는교회의 비전

"비전은 그 교회가 나아갈 방향이고 목표이다.

우리가하나되는교회는 두 가지 기둥 비전이 있다.

한국의 모든 교회가 평신도 사역형 교회로

전환하도록 후원하고, 노인들이 함께 생활하는

신앙공동체를 운영하는 것이다."

03

_ 평신도 사역형 교회 전환 도우미

원래 우리가하나되는교회가 출범할 때의 비전은 한국의 모든 교회가 평신도 사역형 교회로 전환하는 일에 도우미 역할을 하는 것이었다.

교회는 크게 목회자 사역형 교회와 평신도 사역형 교회로 나눌 수 있다. 목회자 사역형 교회는 교회 사역에 있어서 목회자 중심의 구조를 가진 교회로서 목회자의 권한과 책임은 매우 크지만 평신도의 권한과 책임은 거의 없는 형태의 구조를 가진 교회이다.

이런 교회 구조에서는 목사가 교회의 모든 일을 주관해

나간다. 즉 예배, 설교, 심방, 상담, 행정 등 대부분의 교회 사역이 목사의 몫이고, 평신도들은 단순히 예배나 성경공부에 수동적으로 참여만 하면 되고, 심방의 보조 요원이 될 뿐이다. 그렇지만 목회자 사역형 교회는 성경적인 교회 사역의 패러다임이 아니다.

초대 교회는 이런 사역 구조를 알지 못했다. 예수님과 사도들의 머릿속에는 이런 교회 사역의 계획이 전혀 없었다. 성경이 제시하고 있는 교회 사역의 패러다임은 목회자와 평신도가 함께 사역하는 것이다. 즉 평신도 사역형 교회가 성경적인 사역의 패러다임이다.

목회자도 하나님의 백성 가운데 있기 때문에 평신도에 속한다. 목회자나 평신도나 다 같은 형제 자매이고 하나님의 백성이며 그리스도의 지체로서 각 마디를 통하여 도움을 입으므로 서로 연락하고 상합하는 관계이다(엡 4:16). 목사와 평신도의 구분은 단지 기능적인 구분에 의한 것이다.

성경은 목사와 평신도를 구분하지 않고 하나님의 나라와 확장을 위해 함께 사역하는 동역자임을 증거하고 있다

(고전 3:9). 신약 성경이 말하는 목사는 욕심에 가득 찬 나머지 모든 사역을 자기의 손에 움켜쥐고는 평신도의 주도권을 억누르는 자가 아니다. 오히려 모든 하나님의 백성들이 자신의 은사를 발견하고 발전시키고 활용하도록 돕고 격려하는 자이다.

현재 한국 교회의 85~90%가 목회자 사역형 교회로서 점점 침체 속으로 빠져 들어가고 있다. 침체되어가고 있는 한국 교회가 살아나는 방법은, **목회자가 주도적으로 사역하는 목회자 사역형 교회를 모든 성도가 사역하는 평신도 사역형 교회로 전환하는 길 밖에 없다.** 바로 이 일을 돕기 위해 탄생된 교회가 바로 '우리가하나되는교회' 인 것이다.

물론 서울의 '사랑의 교회' 와 부산의 '풍성한 교회' 등 전국적으로 목회자들을 초청하여 제자훈련 세미나를 실시하는 교회들이 많이 있다. 그럼에도 불구하고 '우리가하나되는교회' 가 'D3 양육시스템' 을 통하여 목회자 사역형 교회를 평신도 사역형 교회로 전환해야 한다고 외치는 이유가 있다.

그것은 평신도를 훈련시키는 방법이 다양하면 할수록

개교회의 형편과 목회자의 성향에 맞도록 선택의 폭을 넓혀 줌으로써 제자훈련을 하는 교회들이 더 많아지게 되고 세계 복음화가 더 앞당겨지게 되기 때문이다.

그동안 기존의 제자훈련 방법을 통해 전환을 시도해봤지만 실패했거나, 제자훈련을 하고 싶어도 기존의 제자훈련 방법이 너무 힘들고 어렵기 때문에 포기한 목회자들에게는 이 'D3 양육시스템' 은 더할 나위 없이 좋은 제자훈련 프로그램이 될 것이다.

_또 다른 비전

우리 교회는 처음에 한국의 모든 교회를 평신도 사역형 교회로 전환하는 일에 도우미 역할을 하겠다는 비전을 가지고 출범했다. 그런데 또 다른 비전이 추가되는 사건이 생겼다.

어느 날 나는 요한복음 19장 26-27절을 읽다가 큰 의문을 가지게 되었다.

> "예수께서 그 모친과 사랑하시는 제자가 곁에 섰는 것을 보고
> 그 모친께 말씀하시되 여자여 보소서 아들이니이다 하시고
> 또 그 제자에게 이르시되 보라 네 어머니라 하신대
> 그 때부터 그 제자가 자기 집에 모시니라."

이 말씀은 예수께서 사도 요한에게 자신의 어머니의 노후를 책임지라고 부탁하셨다는 것이다. 왜 예수님의 친동생들이 여러 명이나 있었음에도(마 13:55-56) 동생들에게 어머니를 모시라고 하지 않고 사도 요한에게 맡기셨는지 이해가 되지 않았다.

나는 이 말씀을 인하여 고민하지 않을 수가 없었다. 깊이 말씀을 묵상하던 중 그 답을 찾게 되었다. 그것은 교회가

홀로 되신 성도들의 노후를 책임져야 한다는 것이다. 왜냐하면 당시 사도 요한의 집은 교회로 사용되고 있었기 때문이다. 사실 한 평생 몸과 물질과 시간을 다 바쳐 헌신한 성도들을 교회가 책임지는 것은 당연한 것이다. 초대 교회가 참된 과부의 짐을 진 것은 바로 이러한 주님의 명령에 따른 것이다.

"만일 믿는 여자에게 과부 친척이 있거든
자기가 도와주고 교회로 짐지지 말게 하라.
이는 참 과부를 도와주게 하려 함이니라"(딤전 5:16).

"하나님 아버지 앞에서 정결하고 더러움이 없는 경건은 곧
고아와 과부를 그 환난 중에 돌아보고 또 자기를 지켜 세속에
물들지 아니하는 이것이니라"(약 1:27).

나는 평소 어떻게 하면 초대 교회처럼 공동체 생활을 하는 교회를 만들 수 있을까를 고민해 왔다. 그러나 자본주의 사회에서 개인의 재산을 인정하지 않는 생활 공동체를 만든다는 것은 거의 불가능하다는 생각에 포기 상태에 있었다. 물론 두레 마을의 김진홍 목사님처럼 활빈 공동체를 운영할 수 있다. 그러나 그것은 일종의 시대적인 산물이었지 모든 교회가 할 수 있는 모델은 아니다. 그래서 나는 꿈꾸어

왔던 초대 교회의 신앙생활 공동체를 포기하고 있었다.

그런데 예수께서 십자가에 달리셨을 때에 어머니 마리아를 사도 요한에게 부탁하신 말씀을 읽으면서 신앙생활 공동체를 다시 꿈꾸게 되었다. 모든 성도들이 함께 생활하는 공동체는 불가능하다 해도 노인들만이라도 함께 생활하는 신앙 공동체는 가능하다는 생각을 갖게 된 것이다. 그래서 평신도사역형 교회의 전환 도우미 비전 외에 노인복지 생활 공동체에 대한 비전을 추가하게 된 것이다.

_노인복지 신앙생활 공동체

노인 문제는 21세기에 가장 큰 사회 문제 중의 하나이다. 과학의 발달로 장수 시대가 열리게 되고, 출산 기피 현상으로 노인 문제는 더욱 더 심각한 문제로 급부상하게 되었다. 모든 국가들이 노인 문제를 해결하기 위하여 애를 쓰고 있지만 뾰족한 대안이 없는 것이 현실이다.

맞벌이 부부가 늘어나면서 노인들은 아이를 돌보고 가사 일을 전담하는 전업 주부로 전락해 가고 있다. 더구나 더 늙어서 병들고 힘이 없어 이용 가치가 없으면 바깥에 버리는 자식들이 늘어가고 있다.

또 일반적으로 60세가 넘으면 노인이라고 부른다. 그런데 장차 100세까지 사는 장수 시대가 열리면 적어도 30~40년간을 단지 노인이라는 이유로 꿈과 소망 없이 무료한 인생을 살게 될 것이다.

이런 노인 문제를 어떻게 해결할 것인가? 어떤 교회는 노인 문제의 해결 방안으로 실버타운이나 양로원을 운영하고 있다. 제대로 운영되는 실버타운에 들어가려면 수억원의 준비금이 있어야 하기 때문에 복지 시설에 들어가 노후를 편하게 보낼 사람은 극소수에 불과한 것이 현실이다.

평생 교회와 자식들을 위해 모든 것을 바쳐서 헌신하신 분들에게 많은 돈이 드는 실버타운이나 양로원은 그림의 떡이나 마찬가지이다. 혹 여건이 되어서 그런 시설에 들어간다 해도 일반적으로 실버타운이나 양로원이 도심에서 멀리 떨어져 있기 때문에 외로움을 하소연하고 있다.

그런데 이 두 가지 문제를 다 해결할 수 있는 방법이 있다. 지역 교회 안에 노인복지 신앙생활 공동체를 운영하여 평생 주님께 헌신한 노인들과 오갈 데 없는 불우한 노인들을 자기 부모처럼 모시면 된다. 입주금이나 운영비를 전혀 받지 않고 천국에 가실 때까지 교회가 재정적인 책임을 지고, 공동체 안에서 함께 예배를 드리고 서로 가르치고 배우며 서로 위로하고 격려하는 신앙생활을 하면 외롭게 지내지 않고 행복한 노후를 보낼 수 있다.

우리 교회는 이런 노인복지 신앙생활 공동체의 운영이 절대적으로 필요하다는 사실을 절감하고 이의 실현을 위해 기도하고 있다. 교회가 노인들이 함께 생활할 수 있는 공간을 제공한다면 노년기 성도들이 신앙생활을 건강하게 할 수 있다. 그 뿐만 아니라 자식들에게 부담을 주지 않고 오직 주님만 사랑하며 그분께 소망을 두며 살 수가 있다. 또 교회는 지역 사회에서 효를 실천하는 아름다운 교회로 소문이 나게 되어 지역 복음화에도 크게 기여하게 될 것이다.

_ '우리하나복지센터' 건립의 꿈

우리 교회의 두 가지 기둥 비전, 즉 '평신도 사역형 교회의 전환 도우미와 노인복지 신앙생활 공동체의 운영'이 이뤄지려면 반드시 건물이 있어야 한다. 그래서 우리는 지금부터 믿음으로 이 비전을 이룰 수 있는 건물을 달라고 기도하고 있다. 우리 교회가 꿈꾸는 '우리하나복지센터'는 단지 주일 예배만 드리고 한 주간 내내 꽁꽁 닫아두는 공간이 아니다. 노인 성도들의 삶의 보금자리로, 전국 교회의 목회자와 성도들의 훈련장으로, 지역 주민의 쉼터로 사용하기 위하여 건축하려고 한다.

주님께서 합당한 땅과 건축비를 주실 것을 믿고 기도하고 있다. 땅을 주시되 한강을 바라볼 수 있는 곳으로 300평 이상의 땅을 주시고, 건축비를 주시되 연건평 1,000평 이상을 지을 수 있는 돈을 달라고 기도하고 있다. 노인분들이 지상에서 천국을 경험할 수 있도록 최첨단 공법과 최고급의 자재를 사용하여 건물을 짓는 것이 우리의 꿈이다.

성경은 '은도 내 것이요 금도 내 것이니라'(학 2:8)라고 말씀하고 있다. 우리 교회가 개척한 지 일천하고 또 가진 것이 없다 할지라도 우리 교회의 비전이 하나님의 마음에만 맞으면 누구를 통해서라도 이 꿈을 이루게 하실 것이다.

솔로몬의 기도가 하나님의 마음에 맞아서 그가 구하지 않은 것까지도 받았던 것처럼, 우리의 기도가 주님의 마음에만 맞으면 우리가 구하지 않은 것까지도 주실 것을 믿는다.

"솔로몬이 이것을 구하매 그 말씀이 주의 마음에 맞은지라. 이에 하나님이 저에게 이르시되 네가 이것을 구하도다. 자기를 위하여 수도 구하지 아니하며 부도 구하지 아니하며 자기의 원수의 생명 멸하기도 구하지 아니하고 오직 송사를 듣고 분별하는 지혜를 구하였은즉 내가 네 말대로 하여 네게 지혜롭고 총명한 마음을 주노니 너의 전에도 너와 같은 자가 없었거니와 너의 후에도 너와 같은 자가 일어남이 없으리라. 내가 또 너의 구하지 아니한 부와 영광도 네게 주노니 네 평생에 열왕 중에 너와 같은 자가 없을 것이라"(왕상 3:10-13).

우리는 2010년까지 '우리하나복지센터' 가 건축되어져서 교회의 두 가지 기둥 비전이 실현되기를 기도하고 있다. 지금은 비록 미약하지만 '우리하나복지센터' 를 통해 우리에게 주신 꿈을 이루게 하실 것을 의심치 않는다.

"주여, 우리에게 대사를 행하시옵소서. 아~멘."

2부

평신도사역자 양육 및 훈련 이야기

04

양육 전의 초기 사역

"전도보다 시급한 것은 없다.

전도 없는 양육은 아무런 의미가 없다.

양육하기 전 전도하는 일에 집중해야 한다.

전도와 양육은 뗄래야 뗄 수 없는

교회 성장의 끈이다."

04

_ 전도의 첫 열매

교회를 개척하자마자 내가 개발한 'D3 양육시스템' 으로 성도들을 양육한 것이 아니다. 양육할 대상이 없었기 때문에 먼저 전도에 진력하기로 했다.

우리 교회가 위치한 곳은 마포구 상수동이다. 얼마 전 '토정길' 이 개통되기 전까지만 해도 교회 앞으로 지나가는 사람이 거의 없을 정도로 한적한 곳이다. 한강변 가까이 있어서 산책하기에는 좋지만, 사람의 왕래가 거의 없어서 교회 자리로서는 적당한 지역이 아니다. 그래서 우리 교회를 방문하는 사람마다 교회가 부흥하기 힘들 것이라는 부정적인 견해를 내놓곤한다. 나도 그들의 말에 전적으로 동의한다. 앞으로 교회의 주변을 재개발이나 재건축하지 않는다면 획기적인 교회의 부흥은 기대할 수 없음을 누구보다도 더 잘 알고 있다.

그러나 나는 주님께서 이곳에 보내신 뜻이 있다고 확신했다. 그렇기 때문에 교회 부흥에 대한 부정적인 생각과 말은 하지 않기로 작정했다.

나는 날마다 전도하는 일에 최선을 다했다. 두 달에 한 번씩 교회를 알리는 전단지 8,000장을 제작하여 반은 신문에 넣고 반은 일일이 집집마다 찾아다니며 나눠주었다.

전도를 시작한 지 얼마 되지 않아서였다. 2005년 1월 초순경이라 다른 때에 비해 좀 추웠지만 교회가 한강변에 있기 때문에 바람이 보통 거센 것이 아니었다. 빌라 안으로 들어가 전도를 하던 중 인근의 다른 교회에 다니시는 분을 만났다.

그분은 김정숙 집사님이라고 하였다.

"목사님이 직접 전도를 다니는 것은 처음 봅니다."

그러면서 나를 자신의 집안으로 영접하여 차를 대접해

주고 위로의 말을 아끼지 않았다. 그분은 이 지역에 오래 살았고 부녀회장도 하고 통장도 맡아서인지 상수동 지역에 대하여 너무 잘 알고 있었다. 더구나 언변도 아주 좋았다.

마음속으로 '이런 분이 개척교회에 오셔서 봉사하시면 참 좋겠다'는 생각을 하였다. 하지만 그런 내색은 전혀 하지 않았다.

차를 마시고 일어서면서 한 가지 부탁을 드렸다.

"집사님! 이 근처에 혹 전도할 만한 사람이 있으면 추천 좀 해 주시지요."

그러자 그분이 "내가 전도하려고 애쓰는 사람이 있는데 몇 일 전에 그분의 남편이 돌아가셨어요. 이번 기회가 좋으니 한번 가보시죠?" 라고 하면서 이름과 주소와 위치를 알려주었다.

나는 집을 나와 그분에게로 달려갔다. 문을 두드리자 남자처럼 굵직한 음성의 목소리가 안에서 들려왔다.

"누구세요?"

"예, 홍석이 어머님의 소개로 인사 좀 드리려고 왔습니다."

그러자 문을 열어주면서 반가이 맞아주셨다.

“몇일 전에 바로 집 앞에 있는 제이마트 건물에 교회를 개척한 ‘우리가하나되는교회’의 목사입니다.”

나는 소개를 한 뒤 대화를 시작했다. 그분은 당시 71세였고, 이름은 이점순 씨였다. 몇일 전 남편이 돌아가셨기 때문에 아직도 정신을 제대로 차리지 못한 상태라고 하면서 남편이 예수를 믿고 돌아가신 과정을 들려주었다.

고인이 된 남편은 평소 한학을 공부했고 유교에 심취하여 예수쟁이들을 싫어했다고 한다. 따님이 CCC(한국대학생선교회)에서 간사까지 했지만 늘 신앙 생활하는 것을 못마땅하게 생각했으며, 아들의 결혼 상대자가 예수를 믿는다는 이유로 강하게 반대까지 했다고 했다.

그런데 그분이 별안간 몸이 아파서 병원에 입원해 있었는데 그 때에 인천 주안장로교회에 다니는 따님(김희순 집사)이 그 교회 목사님을 모시고 와서 복음을 전하여 예수님을 영접하고 마지막으로 병상 세례를 받은 후 천국에 가셨다고 했다. 그래서 매주마다 그 교회로 나가야 하기 때문에 우리 교회로 나오기가 좀 힘들 것 같다고 하시는 것이었다.

순간 낙심이 되었다. 전도의 첫 열매를 기대했는데…. 그러나 나는 쉽게 포기하지 않았다. 그분에게 가까운 교회에서 신앙생활을 해야 할 이유를 말씀 드렸다. 70세가 넘으신 데다 아직 예수님을 영접하지 않은 터라 매주마다 인천까지 간다는 것이 쉽지 않을 뿐더러, 일주일에 한번만 교회에 나가서는 신앙생활을 제대로 할 수 없을 것이 분명했다. 그분이 한참 내 말을 들으시더니 “그러면 인천 딸에게 말해보고 가까운 교회에 다니겠습니다” 라고 하는 것이었다. 그 말을 들으니 안심이 되었다.

그분의 집을 나서면서 이런 말씀을 드렸다.

“모든 것이 시작이 중요합니다. 신앙생활도 어떻게 시작하느냐가 매우 중요합니다. 이왕 예수님을 믿으시려면 새벽기도부터 하시는 것이 좋습니다. 내일부터 새벽기도회에 나오시면 어떠실런지요?”

“그렇게 하겠습니다.”

조금도 주저함 없이 말을 하였다. 전혀 뜻밖의 반응이었다.

예수가 누구신지도 모르는 분이 어떤 생각으로 새벽기

도회에 나오겠다고 했는지 모르지만, 그분은 약속대로 다음 날 새벽기도회에 나오셨다. 그것도 혼자서만 나온 것이 아니었다. 옆 집에 사는 분과 함께 나오셨다. 그 때의 기분은 아주 날 듯이 기뻤다.

개척 초기에 새벽기도회에 나오는 사람은 아내 한 사람밖에 없었다. 별안간 세 사람이 되었으니 얼마나 큰 힘이 되었겠는가? 개척한 지 오래 되었어도 목사 부부가 새벽기도회를 드리는 교회가 부지기수이다.

그런데 정식으로 창립예배를 드린 지 얼마 되지 않아 세 사람이나 되었으니…. 이런 기쁨은 개척한 목사만이 누릴 수 있는 기쁨이다.

_ 이제는 그만 두리라!

한강변에는 10억을 호가하는 고급 아파트가 많다. 하지만 그런 아파트는 수위실에서부터 출입을 금하기 때문에 들어가는 것조차도 하늘의 별따기이다. 가끔 관리실 수위가 한눈을 파는 사이에 몰래 들어가지만 금방 발각이 되어 쫓겨나기도 하고, 부착한 전단지는 청소하는 아주머니에 의해 모두 쓰레기통으로 던져진다. 혹 수위에게 발각되지는 않더라도 전단지를 본 아파트 주민들이 직접 교회로 항의 전화를 걸어 욕설을 퍼붓기도 한다.

우리는 주로 일반 주택들을 대상으로 전도하기로 했다. 전도하러 나갈 때에는 항상 전단지 뿐만 아니라 일반 가정에서 필요로 하는 수세미나 목욕 타올, 빨래집게 등을 가지고 나가서 그것들을 접촉점으로 삼아 문을 열게 하고 전도를 했다.

우리가 전도하는 지역 중 교회에서 좀 떨어진 곳에 현대 타운이라는 빌라 단지가 있다. 이 단지에는 14개 동의 건물이 있는데 한 동에 8세대가 살고 있다. 그 빌라 단지에 여러 차례 전단지를 돌렸으나 전화 한 통화 걸어오는 사람이 없었다.

2005년 3월 어느 날이었다.

봄날이었지만 날씨가 다소 쌀쌀했다.

전도에 동참한 이영애 집사님에게 말했다.

"집사님, 다음 주부터 이곳에는 오지 맙시다."

그런데 그렇게 말한 다음 주일 날이었다. 낮 예배를 마치고 오후 성경공부 모임을 갖고 있는데, 까만 안경을 낀 여자 청년이 들어왔다. 성경공부가 끝난 후에 물어보았다.

"우리 교회에 어떻게 오게 되었습니까?"

"저는 창작 뮤지컬 '마리아 마리아' 에서 마리아역을 맡은 김선영인데요. 이곳에 이사온 후 집 가까운 교회에 나갔었는데, 은혜를 받지 못하고 있던 중에 우리가하나되는교회의 전단지를 보고 찾아왔어요."

그 후 자매님은 우리 교회에 등록하여 주일낮 찬양사역자로 수고하고 있다.

나는 그 일을 계기로 전도 열매를 너무 조급하게 기대

해서는 안 된다는 생각을 하게 되었다.

히브리서 기자는 이렇게 말한다.

> "너희에게 인내가 필요함은 너희가 하나님의 뜻을 행한 후에 약속을 받기 위함이라"(히 10:35).

전도하라는 주님의 명령에 순종한다고 해서 곧바로 전도의 열매가 맺혀지는 것이 아니다. 주께서 열매를 맺게 하실 때까지 기다려야 한다. 마치 농부가 봄에 씨를 뿌리고 뜨거운 여름을 지나 가을이 되어서야 열매를 거두는 것처럼, 여인이 임신한 후 10개월이 되어서야 귀한 생명을 출산하는 것처럼, 전도의 씨를 뿌린 후에도 열매를 거두려면 오랜 시간을 인내하며 기다려야 한다.

_ 성령의 놀라운 역사

등록도 하기 전부터 새벽 기도를 시작한 이점순 성도님이 교회에 등록한 지 1개월이 지났을 즈음이었다. 새벽 설교를 마치고 다 같이 각자 기도하고 있었다. 그런데 별안간 이점순 성도님이 큰 소리를 내어 엉엉 우는 것이었다. 나는 너무 궁금해서 견딜 수가 없었다. 하지만 꾹 참고 정한 시간까지 계속해서 기도를 드렸다.

오전 9시, 교회에 출근하여 이점순 성도님에게 전화를 드렸다.

"이점순 성도님, 오늘 새벽기도 시간에 왜 그렇게 소리를 내서 우셨나요? 무슨 문제라도 생겼나요?"

그러자 그분이 놀라운 이야기를 했다.

"목사님께서 설교하실 때마다 '하나님이 살아 계시다'고 하시길래 하나님께서 정말 살아 계시다면 좀 보여 달라고 했습니다. 그런데 별안간 목사님이 서 계신 강단 뒤로 예수께서 십자가에 달리신 것이 보였어요. 머리에 가시 면류관을 쓰시고 양손과 발이 못 박히신 채로 피를 뚝뚝 흘리시는 것이었습니다. 그 모습을 보는 순간 저도 모르게 울음이 나와서 엉엉 소리를 내어 울게 되었습니다."

"더 이상 창피해서 제가 교회를 나갈 수 없을 것 같아요."

나는 그분이 본 환상의 의미를 설명해 드렸다.

"하나님께서 영으로 존재하시는데 우리를 너무 사랑하셔서 우리의 죄를 대속해주시기 위해 인간의 몸으로 이 땅에 오셔서 십자가에 못 박혀 돌아가신 분이 예수님이십니다. 그렇기 때문에 이점순 성도님이 예수께서 십자가에서 피를 흘리신 환상을 보신 것은 바로 하나님을 보신 것입니다. 즉 이점순 성도님이 하나님을 보여 달라고 기도하신 것에 대하여 주님께서 응답을 주신 것입니다."

그러자 그분이 너무 기뻐하셨고, 그 후로 더욱 더 믿음이 돈독해지셨다.

환상을 보신 후, 이점순 성도님에게 한 가지 시험이 찾아왔다. 지금까지 수십 년간 일가 친척들이 생일을 맞이하면 주일에 모여 함께 식사를 해 왔었다. 그분이 예수를 믿은 지 2개월 가량 되었을 즈음에 그 모임에 나오라는 초청을 받게 된 것이다.

그러나 그분은 초청을 받고 이렇게 거절했다고 한다.

"나는 예수를 믿어 하나님의 자녀가 되었기 때문에 주일 낮예배와 오후 성경공부 시간을 빠질 수 없어서 그 모임에 참석할 수 없다."

집사, 권사, 장로가 된 사람들도 주일에 일가 친척들이 결혼식이나 각종 잔치를 하면 거절하지 못하고 주일을 범하고 있다.

그런데 불과 예수를 믿은 지 2개월 밖에 되지 않은 새신자가 믿음으로 거절한 것이다. 어떻게 이런 일이 일어날 수 있을까? 성령의 역사라고 말하는 것 외에는 달리 설명할 길이 없다.

_ 또 다른 전도의 열매

5월에 신앙간증성회를 계획하고 성도들에게 한 사람당 세 사람 이상 신앙간증성회에 초청할 전도 대상자를 적어내게 하였다. 그러자 전 성도들이 대상자를 제출하였다. 나는 새벽마다 그분들의 이름을 불러가며 기도하였다. 그런 다음, 대상자 중에서 전도의 가능성이 있는 사람부터 찾아갔다.

제일 먼저 찾아간 사람은 홍주화씨였다. 그분은 동네에서 '대학생' 이라는 별명을 가진 분이다. 그분은 70세의 고령임에도 불구하고 평소 화장을 해서 자신을 잘 꾸미고 실제로 대학을 졸업했기 때문에 그런 별명이 붙었다고 한다. 그분을 만나 전도하고 싶은 마음이 들어 이점순 성도님에게 전화를 걸었다.

"성도님, 홍주화씨 집에 가도 되겠는지 여쭤봐 주세요?"

잠시 후에 답변이 왔다.

"홍주화씨가 선뜻 대답을 하지 않네요."

그러나 나는 이점순 성도님과 함께 믿음으로 그분의 집으로 향했다. 이점순 성도님이 혼자서 온 것 같이 하고 문을 열고 들어갔다.

"목사님과 함께 오지 말라고 했는데 왜 멋대로 모시고 왔느냐."

홍주화씨는 이점순 성도님에게 불쾌감을 표시했다.

"교회를 나가게 되면 여의도순복음교회에 나갈 계획이에요!"

그분은 우리를 쌀쌀맞게 대하셨다. 내가 1시간여 동안 이야기를 하는 동안에 그분의 마음이 바뀌기 시작했다.

어느덧 이야기를 나누다 보니 저녁 식사를 할 시간이 되었다. 나는 가까운 식당으로 모시고 가서 저녁 식사를 대접해드렸다.

그런 후에 교회 구경 좀 하자고 하면서 교회로 모시고 왔다. 직접 커피를 타 드리면서 이점순 성도님이 예수님을 믿은 후 삶이 바뀌고 환상 중에 예수님께서 십자가에 못 박혀 피 흘리신 것을 본 이야기를 하자, 그분의 마음이 완전히 돌아서는 것이었다.

그분이 우리 교회에 나올 마음을 굳힌 것을 알아차리고 내가 말했다.

"이점순 성도님이 우리 교회에 나오실 때에 새벽예배부터 나오기 시작했거든요. 홍주화씨도 그렇게 하시죠?"

그러자 그분도 그 다음날부터 새벽예배에 나오기 시작했다. 그리고 그 주간 금요기도회에서 안수를 하자 방언의 은사를 받았다. 그분의 믿음도 이때부터 뜨겁게 불타오르기 시작했다.

그분은 70세가 넘었다. 하지만 성격이 적극적인 분이라 신앙생활도 아주 열렬하게 하고 있다. 교회에 첫 걸음을 시작한 후 한 번도 빠지지 않고 새벽예배에 나오고 있다. 그리고 자발적으로 교회의 필요한 부분을 채우기 위해 최선을 다 하고 있다.

_ 아니, 기도한다고 차가 생겨?

우리 교회는 기도 제목을 주보에 싣는데 2005년 5월경 기도 제목 중에 이런 제목이 있었다.

"하나님의 방법으로 교회 승합차를 주시옵소서."

개척 당시에는 교회의 유아실 칸막이 공사를 해주신 분이 차를 구입할 때까지 사용하라고 카니발을 빌려 주었다. 그런데 지방에 공사가 있어서 다시 가져간 후 두 달 간은 차가 없는 상태였다. 그래서 주님의 방법으로 차를 공급해 달라고 기도를 하고 있었다.

갓 예수를 믿은 홍주화 성도님이 주보에 적힌 기도제목을 보고 이렇게 생각했다고 한다.

"아니, 기도한다고 차가 생겨?"

그도 그럴 것이 교회에 나온 지 한 달 밖에 되지 않은 분이 '기도하면 하나님이 차를 주신다' 는 사실을 어떻게 알 수 있겠는가?

사실 믿음이 없는 사람의 눈으로 보면 기적은 보이지

않는다. 한두 푼도 아니고 이천만 원이 넘는 차를 가만히 앉아서 기도한다고 생긴다는 생각 자체가 웃기는 일일 수밖에 없다.

그렇지만 기도하는 자들에게는 웃기는 일도 응답이 현실로 나타난다. 기적이 일어나는 것이다.

성경은 이렇게 말씀하고 있다.

> "예수께서 이르시되 할 수 있거든이 무슨 말이냐.
> 믿는 자에게는 능치 못하심이 없느니라 하시니"(막 9:23).

우리 교회는 두 달에 한 번 '21일 특별기도회'를 한다. 5월 달에도 특별기도회를 하고 있었다. 그 때에 여러 가지 기도 제목 중 교회에 필요한 승합차를 달라는 제목도 있었다. 나는 차를 주시되 노인 성도들이 타고 내리기가 편하고 양쪽 문을 사용할 수 있는 '트라제'를 달라고 기도했다. 그런데 그 기도대로 하나님께서 '트라제 XG'를 주셨다.

그러자 홍주화 성도님이 말했다.

"기도하니까 기적이 일어나네요."

그 후 그분은 기도하면 하나님께서 역사하신다는 믿음을 가지고 새벽기도회는 기본이고 특별기도회에도 빠지지 않고 참석하여 최선을 다해 기도하고 있다.

사실 개척 교회에서는 이런 기적들이 자주 일어나야 한다. 그렇지 않으면 교회가 성장할 수 없고 침체의 늪에 빠져 결국은 교회의 문을 닫을 수밖에 없다.

큰 교회에 나가면 전혀 부담감을 가지지 않아도 될 뿐만 아니라 좋은 시설과 다양한 프로그램을 통하여 신앙생활을 편하게 할 수 있다. 그리고 다방면으로 훌륭한 사람들을 만나 그들의 도움을 받을 수도 있다.

그런데 개척 교회는 이와 정반대이다. 재정적으로 부담감을 가지지 않을 수 없고, 시설도 열악하고, 프로그램도 거의 없고, 일할 사람이 없다. 그러다 보니 한 사람이 여러 가지 일을 하게 되어 교회 생활이 힘들 수밖에 없다. 그래서 갈수록 개척 교회의 운영이 힘들어지게 되고 문을 닫는 교회가 속출하고 있는 것이다.

그러나 개척 교회가 부흥하고 성장하는 방법이 있다. 그것은 성령께서 기적을 베푸실 수 있는 묘판을 만드는 것이다. 그분은 우리가 믿음으로 기도할 때에 역사하신다. 따라서 교회는 계속 함께 모여 기도해야 한다. 초대 교회가 성령께서 역사하시는 교회가 될 수 있었던 것은 그들이 함께 모여 기도하는 일에 온 힘을 집중했기 때문이다.

"주여 이제도 저희의 위협함을 하감하옵시고 또 종들로 하여금 담대히 하나님의 말씀을 전하게 하여 주옵시며 손을 내밀어 병을 낫게 하옵시고 표적과 기사가 거룩한 종 예수의 이름으로 이루어지게 하옵소서 하더라. 빌기를 다하매 모인 곳이 진동하더니 무리가 다 성령이 충만하여 담대히 하나님의 말씀을 전하니라"(행 5:29-31).

05
D3 양육시스템 이야기

"'D3 양육시스템'은 세 가지 교재와 세 가지 훈련 방법으로 나이, 학력, 직분, 은사와 상관없이 모든 성도를 평신도 사역자로 만드는 세계에서 가장 단순하고 빠른 양육시스템이다."

05

_ 패러다임의 전환

한국 교회는 거의 '예배' 라는 이름하에 각종 모임을 갖고 있다. 그래서 열심히 신앙생활을 하는 사람은 주일 낮예배, 주일 오후예배, 수요 저녁예배, 금요 저녁예배, 목장(구역) 예배, 새벽예배 등 한 주에 12번이나 예배를 드린다. 한마디로 예배의 홍수 속에 산다고 해도 과언이 아니다.

그런데 과연 우리가 모일 때마다 '예배' 라는 이름으로 모이는 것이 성경적이냐는 것이다. 사도행전을 보면, 초대교회는 날마다 모였지만 '예배' 라는 이름으로 모이지 않았다. 사실 '예배' 라는 이름으로 자주 모여서 거기에 따른 열매가 있다면 별 문제가 없을 것이다.

문제는 '예배'는 많이 드리는데 성도들의 삶은 별로 변화가 없다는 것이다. 이것은 '예배'의 형식으로 모이는 모임에 문제가 있다는 증거이다.

사랑의 교회 원로 목사인 옥한흠 목사님도 한국 교회가 너무 많은 예배를 드린다는 점을 지적한 바 있다. 나도 이런 견해에 전적으로 동의한다. 특정 공간에서 드려지는 '예배' 중심의 모임에서는 일방적으로 선포되는 말씀에 평신도들이 수동적으로 반응할 수밖에 없기 때문에 적극적인 삶의 변화를 기대할 수 없다.

삶의 변화를 가져오기 위해서는 평신도들이 소극적으로 참여하는 '예배' 중심에서 적극적으로 참여하는 '가르침' 중심으로 바뀌어야 한다. 즉 대그룹 형태의 모임을 소그룹 형태의 모임으로 바꾸면 예배 중심의 모임이 양육 중심의 모임으로 전환되어 성도들의 삶에 더 큰 영향을 미치게 된다.

초대 교회의 평신도들이 활발하게 사역할 수 있었던 것은 예배 중심의 대그룹 모임을 가졌을 뿐만 아니라 가르침 중심의 소그룹 모임을 자주 가졌기 때문이다(행 5:42).

나는 평소 초대 교회를 꿈꾸어왔다. 그렇기 때문에 소극적으로 참여하는 '예배' 중심의 모임을 갖지 않고 '가르침' 중심의 모임을 갖겠다는 생각을 가지고 교회의 각종 '예배안내 시간표' 를 각종 '모임안내 시간표' 라고 바꾸었다.

즉, 주일 낮에 드리는 예배를 제외하고는 모든 모임의 이름을 '주일오후모임', '수요저녁모임', '금요저녁기도회' 라고 부르고 있다. 심지어도 주일 오후에도 예배 형식을 취하지 않고 점심을 먹은 후 함께 모여 주일 설교나 기타 주중에 큐티를 통해서 은혜 받은 말씀이나 기타 한 주간 동안 경험한 일을 나눔으로 성도들의 적극적인 참여를 유도하고 있다.

평신도들의 적극적인 참여가 없이는 건강한 교회가 될 수 없기 때문에 성도들이 적극적으로 참여할 수 있도록 시스템을 전환하고 프로그램을 개발해야 한다.

_뜻하지 않게 시작된 노인 양육

나는 미국 새들백교회의 릭 워렌(Rick Warren) 목사처럼 특정한 연령대를 겨냥해서 목회할 생각을 갖고 특별히 30~40대의 젊은 사람들을 집중적으로 전도하려고 했다. 왜냐하면 교회가 홍대에서 가깝기 때문에 교회의 주변에 젊은 사람들이 많이 사는 줄 알았기 때문이었다. 물론 하숙을 하거나 자취를 하는 홍대생들은 많다.

하지만 우리가 전도의 목표로 삼았던 30~40대의 사람들은 의외로 많지 않았다. 아직도 개발되지 않은 지역이 많아 다른 지역보다 토박이들이 많이 살고 있기 때문에 젊은 사람들보다는 오히려 노인들이 더 많다는 것을 알았다. 처음에는 이런 사실을 잘 모르고 함께 동행했던 전도팀원들에게 나이가 드신 분들은 우선적으로 전도하지 말라고 특별 지시를 내렸다.

교회의 문을 닫은 후 장차 개척을 한다면 개척할 지역을 미리 조사할 것이라고 생각했다. 하지만 또 한번의 개척이 나의 계획과 상관없이 갑자기 이루어졌기 때문에 그렇게 하지를 못했다.

오히려 그렇게 한 것이 잘 되었다는 생각마저 들었다. 왜냐하면 만일 사전에 이 지역이 젊은 사람보다 나이가 더 드신 분이 많다는 사실을 알았다면 주님께서 이곳에 개척하라고 하셨어도 쉽게 순종하지 않았을 것이기 때문이다.

그러나 모든 상황보다 더 앞서는 것이 주님의 뜻이다. 내가 원하지 않아도 주님이 가라고 하면 가야 한다.

나는 늦게나마 전도의 첫 열매인 이점순 성도님과 또 그분이 전도한 홍주화 성도님을 붙여주신 주님의 뜻을 깨닫고 그분들을 양육하기로 마음을 먹었다. 사실 복음을 전할 때에 우선적으로 해야 할 대상은 노인들이다. 언제 돌아가실지 모르기 때문에 그분들이야말로 우선적으로 복음을 들어야 한다.

그러나 노인 전도는 젊은 사람들보다 노인들이 전도하는 것이 더 효과적이다. 그렇기 때문에 이 분들을 양육하고 훈련하여 사역자로 세우면 이 지역의 노인들을 더 많이 주님께 인도할 것이라는 기대를 가지고 'D3 양육시스템' 으로 그분들을 양육하기 시작했다.

_ D3 양육시스템의 특징

우리 교회가 성도들을 양육하는 시스템의 이름은 'D3 양육시스템' 이다(114쪽의 다이아그램 참조). D는 Disciple(제자)의 첫 글자이고, 3은 세 가지 양육교재로만 양육하고, 삼중적 훈련방법, 즉 집중, 반복, 시연으로 사역자를 훈련하며, 사역 중에 세 단계 보충훈련이 이뤄지는 것을 의미한다.

이 양육시스템은 구체적으로 몇 가지 특징을 가지고 있다.

첫째로, 세계에서 가장 빠르게 평신도를 사역자로 만들 수 있다는 것이다. 일반적으로 제자훈련 과정을 이수해서 평신도사역자가 되려면 예수를 믿은 지 수년은 걸려야 한다. 최근에는 1년 안에도 셀 리더들을 만들어내는 시스템들이 개발되고 있지만 'D3 양육시스템' 은 처음 예수를 믿은 경우는 7~8개월 안에, 기존 신자는 개인의 능력에 따라 빠른 사람은 4~5개월 안에 평신도를 사역자로 만들 수 있다.

본 시스템에서 말하는 '사역자'란 불신자를 개인적으로 전도하고 또 그들을 말씀으로 양육할 수 있는 능력을 가진 자를 말한다.

둘째로, 3가지 양육 교재만으로 평신도사역자 양육과 훈련이 가능하다는 것이다. 본 양육 시스템에서 한가족 만들기, 7대확신 세우기, 핵심13주 제자훈련 교재만으로 양육하고 훈련한다. 양육 교재의 단순화로 성도들이 제자훈련을 받는 데에 따르는 부담감을 많이 줄였다. 그러나 효과적인 면에서는 복잡한 과정을 거치는 것보다 훨씬 낫다.

셋째로, 초대교회가 사용한 훈련 방법을 사용한다는 것이다. 초대교회가 한가지 주제에 집중하고 반복해서 훈련을 한 것같이(행 5:42), 본 양육시스템은 예수께서 그리스도가 되신다는 사실을 집중적으로 가르치고 지속적으로 반복 훈련을 통하여 평신도를 사역자로 훈련한다.

넷째로, 3단계로 사역자 보충훈련을 한다는 것이다. 1단계에서는 기도훈련과 전도훈련을, 2단계에서는 말씀훈련과

청지기훈련을, 3단계에서는 내적치유와 겸손훈련을 하여 평신도 사역자로서 조금도 부족함이 없게 한다.

다섯째로, 누구나 사역자가 될 수 있다는 것이다. 일반적으로 제자훈련을 받기 위해서는 일정한 조건을 갖추어야 한다. 그러나 본 양육 시스템은 일정한 자격을 요구하지 않는다. 누구든지 양육과 훈련을 받으면 학력과 나이와 은사와 상관없이 사역자가 될 수 있다. 초등학교조차 졸업하지 못했어도, 70세가 넘었어도, 가르치는 은사가 없어도 사역자가 될 수 있다.

여섯째로, 기존신자가 새신자의 신앙에 도전을 받게 된다. 일반적으로 새신자는 기존신자의 영향을 받는다. 즉 기존 신자들의 신앙생활이 새신자들에게 많은 영향을 미친다.

그러나 이 양육시스템으로 양육과 훈련을 받으면 새신자가 7~8개월 안에 사역자로 바뀌기 때문에 오히려 기존신자들이 새신자들의 영향을 받게 된다. 즉 새신자들이 잠자는 기존신자들의 신앙을 깨우게 된다.

일곱째로, 평신도 사역자가 빠른 기간 안에 만들어지기 때문에 교회내의 일꾼 부족 현상을 해결할 수 있다. 다른 양육시스템에서는 세례를 받은 후 수년간 훈련을 받아야 하기 때문에 교회의 일꾼을 만들어내려면 많은 기간이 소요된다. 그러나 이 양육시스템으로는 예수를 영접한 지 7~8개월이면 훌륭한 사역자가 되기 때문에 교회 안에 일꾼이 차고 넘치게 된다.

이 양육시스템은 필자가 총신대학에서 '평신도 사역형 교회로의 전환을 위한 효과적인 방안 연구' 라는 제목으로 쓴 박사(Th. D.) 학위 논문에 기초하여 만든 시스템으로 다음쪽에서처럼 6각형으로 되어 있으며, 세계에서 가장 빠르고 단순한 양육시스템이다.

'우리가하나되는교회' 를 개척하기 전에 나는 이미 'D3 양육시스템' 을 개발하여 사역자들을 많이 배출하였다. 하지만 개척하자마자 곧바로 양육시스템을 가동할 수가 없었다. 개척 초기라 양육 받을 사람이 없었고 양육보다는 전도에 집중해야 했기 때문이었다.

D3 양육시스템

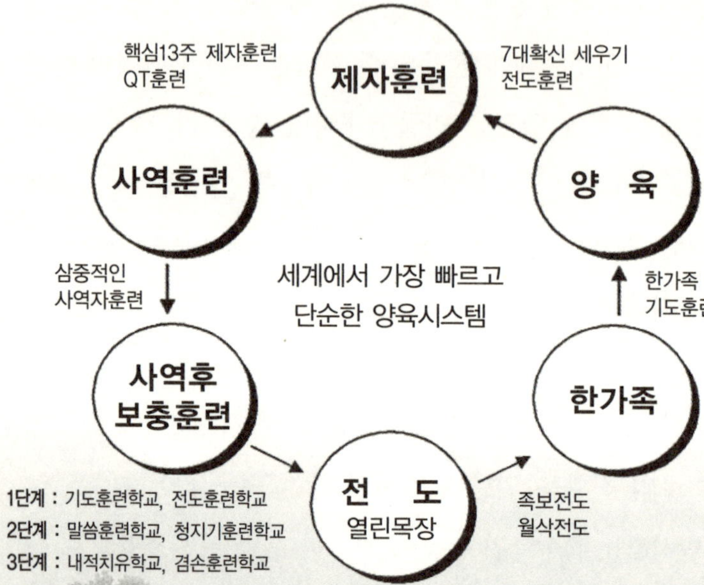

D : 제자(Disciple)의 첫 글자로서 예수님의 제자를 의미합니다.

3 : 예수님의 제자를 만드는 세 가지 방법을 의미하며, 3권의 훈련교재로 양육하고, 3가지 방법으로 훈련하며, 3단계로 사역자가 된 후 보충훈련을 합니다.

* 'D3 양육시스템' 은 3가지 훈련교재, 3가지 훈련방법, 3단계 보충훈련으로 세계에서 가장 빠르고 단순하게 평신도를 사역자로 훈련시키는 양육시스템입니다.

이 양육시스템이 가동되기 시작한 것은 2005년 5월에 접어들면서 부터였다. 그 전에도 간헐적으로 평신도들을 양육하고 훈련했지만 한가족 만들기, 7대확신 세우기, 핵심13주 제자훈련 과정만 하고 사역자 훈련과정은 하지 못했다.

본격적으로 'D3 양육시스템' 으로 사역자 훈련을 받아 평신도 사역자가 된 사람은 이점순성도, 홍주화성도, 박인숙 집사님이다. 현재도 이 양육시스템으로 훈련을 받고 있는 팀이 여럿이 있지만, 본서에서는 주로 제1기 평신도 사역자들의 양육과 훈련과정에 대하여 이야기하고자 한다. 본서의 제목이 《노인들도 펄펄 뛰는 교회 이야기》가 된 것도 제1기 평신도 사역자 훈련생들이 모두 노인들이었기 때문이다.

_ 제1기 평신도사역자 훈련생들

이미 소개한대로 제1기 사역 훈련생은 이점순 성도, 홍주화 성도, 박인숙 집사님이다. 이점순 성도님은 2006년 현재 72세, 홍주화 성도님은 71세, 박인숙 집사님은 64세이다.

이 분들은 서로 단계적으로 연결되어 있다. 제일 먼저 우리 교회에 등록하신 분은 이점순 성도님이다. 그분은 이미 소개한대로 우리 교회 전도의 첫 열매이다. 이점순 성도님이 여러 명의 전도 대상자를 위하여 기도하고 있었는데, 그 중에 제일 먼저 전도 받아 등록한 분이 홍주화 성도님이다.

그분은 40년 전에 잠깐 교회에 다니던 중 특별한 이유 없이 주님을 떠났다가 이점순 성도님의 전도로 다시 신앙생활을 시작하신 분이다. 이점순 성도님과 홍주화 성도님은 가까이 살고 있을 뿐만 아니라 평소 형님과 아우라고 부를 정도로 친하게 지내는 사이이다.

그러나 두 분은 서로 다른 점이 많다. 이점순 성도님은 부모님이 "여자는 절대로 학교에 가면 안 된다"고 해서 초등학교 문턱에도 가보지 못한 분이다.

홍주화 성도님은 이화여대에 들어갔다가 중간에 결혼하는 바람에 숙명여대를 졸업한 분이다. 이점순 성도님의 성격이 남성에 가깝다고 하면, 홍주화 성도님은 여성적인 면이 많다. 이점순 성도님은 보수적인 반면에, 홍주화 성도님은 개방적이다.

두 분의 나이가 한 살 차이 밖에 나지 않는다. 그렇지만 이점순 성도님이 항상 홍주화 성도님에게 형님 대접을 하도록 훈련을 시켜서(?) 홍주화 성도님이 항상 그분 앞에서는 꼬리를 내린다. 홍주화 성도님이 과거 악명 높았던 '덕성 7공주' 중의 한 사람이었고 외모도 한 가닥 할 사람 같이 보이는데, 이점순 성도님에게는 꼼짝을 못한다. 홍주화 성도님이 경우에 합당치 않은 말을 하거나 예의에 어긋난 행동을 할 경우 이점순 성도님이 지적을 하면 금방 잘못했다고 시인을 할 정도이다.

또 한 분 박인숙 집사님은 평소 홍주화 성도님이 얼굴

로만 알고 지내던 분이다. 어느 날 그분과 대화를 하던 중 신앙생활을 제대로 하지 않고 있는 것을 알고 신앙생활을 제대로 하려면 가까운 교회에서 해야 한다고 해서 우리 교회로 데려오신 분이다.

그분은 시부모님이 목사님이고 시동생도 목사님이지만, 미지근한 신앙생활을 하고 있었다. 집사 직분은 받았지만 주일 성수도 하지 않고 십일조도 드리지 않을 정도로 믿음이 거의 없는 상태였다. 게다가 몇 해 전 암 수술을 받아 계속 치료를 받고 있고 당뇨병까지 가지고 있어서 영적으로나 육신적으로나 연약한 상태에 있었다.

그러던 그분이 우리 교회에 오셔서 자기보다 나이가 많은 70세가 넘은 분들이 뜨겁게 신앙생활을 하는 것에 도전을 받고, 제1기 평신도사역자 훈련팀에 합류하여 훈련을 받았다. 현재는 전혀 다른 사람으로 바뀌게 되었고 평신도사역자로 매우 뜨겁게 주님을 섬기고 있다.

_노인사역자 훈련의 강점

현대인들은 너나 나나 할 것 없이 모두 바쁘게 살아간다. 그렇기 때문에 특별히 시간을 내어 훈련을 받는다는 것은 쉬운 것이 아니다. 히브리서 기자는 벌써부터 이런 현상을 예견하고 이렇게 권면한다.

> "모이기를 폐하는 어떤 사람들의 습관과 같이 하지 말고
> 오직 권하여 그날이 가까움을 볼수록 더욱 그리하자"(히 10:25).

제자훈련을 하기 위해서는 시간이 절대적으로 필요하다. 훈련받는 성도님들이 시간을 최우선으로 확보하지 못하면 훈련을 제대로 받을 수 없다. 성도들이 제자훈련에 선뜻 뛰어들지 못하는 이유가 이런 부분 때문이다.

그런데 노인들은 다르다. 상대적으로 다른 연령층의 사람들보다 시간을 확보하기가 용이하다. 노인들 중에는 손자나 손녀를 기르거나 가사 일에 매여 있는 분도 있다. 하지만 그래도 다른 연령대에 비해 평소 집에 있는 시간이 많기 때문에 마음만 먹으면 얼마든지 훈련을 받을 수가 있다. 비

록 지적능력이 떨어진다 해도 충분한 시간을 확보할 수 있기 때문에 계속해서 반복하여 훈련을 받으면 유능한 평신도 사역자가 될 수 있다.

지금까지 대부분의 한국교회에서 노인들은 학습의 주체나 대상이 될 수 없다는 고정 관념에 사로잡혀 왔었다. 그러나 노인들은 시간 확보가 상대적으로 용이하기에 사역자 훈련에 가장 적합한 연령층임을 알아야 한다. 즉 노인들이야말로 학습의 주체나 객체로서 가장 적합한 대상자임을 새롭게 인식해야 한다.

필자는 노인들을 양육하고 훈련하여 사역자로 세워야 함을 강조하기 위해 '개혁주의 교회성장학회지' 창간호에 "노년기 평신도사역의 실천적인 방안 연구"라는 제목의 글을 기고하기도 했다.

06
평신도사역자 양육 과정

"노인까지도 양육을 받아야 하기 때문에

평신도 양육 과정은 단순해야 한다.

양육 과정이 복잡하면 처음부터 성도들이

양육 받을 생각조차 하지 않는다.

복음이 단순하듯이 양육 과정도 단순해야 한다."

06

_ 한가족 만들기

'D3 양육시스템' 에 의한 양육과정은 한가족 만들기와 7대 확신 세우기와 핵심13주 제자훈련이다.

"한가족 만들기"의 제1과는 "복음이란 무엇인가?"이다. 이 과에서는 복음의 정의를 먼저 설명한다. 복음이란 고린도전서 15장 1-4절에서 설명하고 있듯이, 예수께서 십자가에 죽으시고 부활하신 사실이다.

왜 예수께서 십자가에 죽으시고 부활하신 사실이 복음인지를 설명한다. 그것은 모든 사람이 아담의 후손으로 죄와 사망의 법에 매여 영원히 죽을 수밖에 없었는데 예수께서 십자가에 죽으시고 부활하심으로 죄와 사망의 법에서 벗어나 영원히 천국에서 살 수 있는 길이 열려졌기 때문이다.

그러나 예수께서 우리의 죄를 대속하기 위해서 십자가에 죽으시고 부활하셨어도 이것을 믿지 않으면 구원을 받을 수 없다. 따라서 예수를 영접하도록 하여 '객관적인 구원의 사건'을 '주관적인 구원의 사건'이 되게 해야 한다.

제2과는 **"믿는 자가 누리는 복"**이다.

예수를 믿으면 단지 천국에 가는 영적인 복만 받는 것이 아니라 이 세상에서 누리는 복이 많다는 사실을 강조한다.

첫째로, 진정으로 행복한 삶을 살 수 있다. 이 세상의 모든 것은 지나가고 없어지는 것이기 때문에 진짜가 아니다. 즉 불신자들이 이 세상에서 아무리 잘 살아도 죽은 후에 심판을 받아 지옥에 가야 하기 때문에 그들은 진정으로 행복한 자가 아니다. 그러나 예수를 믿어 거듭난 사람은 혹 이 세상에서 잠시 어렵게 살아도 죽은 다음 천국에서 영생 복락을 누리게 되기 때문에 진정으로 행복한 자인 것이다.

둘째로, 하나님의 자녀로 살아갈 수 있다. 성도가 하나님의 자녀로 살아간다는 것은 '양육청구권' 과 '재산상속권' 을 가진다는 의미이다. 즉 성도는 이 땅에서 필요한 모든 것을 하나님께 떳떳하게 구할 수 있는 권리가 있고, 장차 하나님의 나라를 상속받게 된다.

셋째로, 성령님을 모시고 산다. 성령님을 모시고 산다는 것은 매우 가치 있는 존재가 되었다는 말이다. 왜냐하면 하나님께서 거하시는 성전이 되었기 때문이다. 따라서 성도는 자신이 얼마나 귀하고 가치 있는 존재인가를 깨닫고 몸으로 죄를 짓지 말고 거룩한 삶을 살아야 한다.

넷째로, 능력 있는 삶을 살 수 있다. 성도는 이 땅에서 하나님의 능력을 경험하며 또 행할 수 있다. 예수께서 "내가 진실로 진실로 너희에게 이르노니 나를 믿는 자는 나의 하는 일을 저도 할 것이요 또한 이보다 큰 것도 하리니 이는 내가 아버지께로 감이니라"(요 14:12)고 하셨듯이, 그리스도인은 전능하신 하나님의 자녀이기 때문에 삶 속에서 능력 있는 삶을 살아야 한다.

제3과는 "성경은 하나님의 말씀"이다.

성경이 왜 하나님의 말씀인가를 설명하고 성경의 저자,

기록 연대, 구성, 중심 주제, 기록 목적들을 설명하고 있다. 특별히 성경의 기록 목적을 세 가지로 설명하고 있다.

첫째로, 성경은 구원 교과서이다. 즉 성경은 인간이 구원받는 방법을 가르쳐주고 있다(딤후 3:15, 엡 2:8-9).

둘째로, 성경은 신앙 지침서이다. 즉 구원 받은 하나님의 자녀가 어떻게 살아가야 하는가를 가르쳐주고 있다.

셋째로, 성경은 성공 지침서이다. 성경은 성도가 하나님의 말씀대로 살면 성공적인 삶을 산다는 것을 보장하고 있다. 성경이 이와 같은 기록 목적을 달성하기 위해서는 무엇보다도 성경을 하나님의 말씀으로 믿어야 하고, 하나님의 말씀을 듣고 읽어야 하며, 하나님의 말씀에 순종해야 한다(삼상 15:22).

제4과는 "**기도는 하나님과의 대화**"이다.

기도는 '하나님과의 대화, 영혼의 호흡이다. 기도의 정의를 이렇게 내리는 것은, 기도는 항상 해야 되고 또한 자연스러운 것임을 의미하는 것이다. 기도는 하나님의 자녀가 그의 아버지이신 하나님께 구하는 것이다. 하나님은 영이시기 때문에 기도는 언제 어디서나 할 수 있다. 하나님은 그의 자녀들을 사랑하지만 특별히 기도하는 자를 더 가까이 해주시고 응답해 주시며 기적을 경험하게 하신다. 기도는 믿음으로 해야 하고, 하나님의 뜻대로 구해야 하며, 끈기를 가지고 해야 하며, 전심으로 부르짖어야 하며, 예수의 이름으로 해야 한다. 기도는 찬양과 감사, 고백, 도고(중보), 간구의 순서로 하는 것이 좋다.

제5과는 **"행복한 교회 생활"**이다.

교회는 건물이 아니라 예수를 믿어 하나님의 자녀가 된 자들이 모인 영적 공동체이다. 교회 생활에는 예배, 봉사, 교제, 전도(선교) 등 4대 분야가 있기 때문에 예배만 드리면 성도의 의무를 다했다고 생각해서는 안 된다. 구경꾼은 편할지 몰라도 행복할 수는 없다. 성도들이 행복한 교회 생활을 할 수 있도록 모든 교회가 평신도들이 사역하는 평신도 사역형 교회의 목회 비전으로 무장해야 한다.

'D3 양육시스템' 은 세계에서 가장 단순하고 빠르게 평신도를 사역자로 만드는 양육시스템이다. 그렇기 때문에 이 시스템에 따라 성도들이 양육과 훈련을 받으면 예수님을 믿고 갓 태어난 성도들도 건강한 평신도사역자가 된다.

_7대확신 세우기

"7대확신 세우기" 과정은 성도들이 세상을 살아가면서 반드시 가져야 할 7가지 중요한 확신을 다루고 있다.

1대 확신은 "죄사함의 확신"이다.

예수를 믿는 순간 과거와 현재와 미래에 지을 죄까지도 사함을 받기 때문에 혹 예수를 믿은 후 죄를 지어도 지옥에 가지 않고 천국에 간다는 확신을 가져야 한다. 그렇지만 예수 믿은 후 죄를 지어도 천국에 간다고 하여 죄를 우습게 생각해서는 안 된다. 죄를 짓는 것은 예수님을 다시 십자가에 못 박는 것이기 때문에 죄를 짓지 않기 위해서 피 흘리기까지 싸워야 한다. 죄 사함을 받은 그리스도인은 감격과 기쁨으로 살아야 하며 죄의 유혹을 물리치고 용서하는 삶을 살아야 한다.

2대 확신은 "구원의 확신"이다.

구원에는 시제상으로 세 가지 구원이 있다. 즉 과거에

얻은 위치적인 구원, 현재적으로 얻는 경험적인 구원, 미래에 얻을 종말론적인 구원이다.

이 중에서 가장 중요한 구원은 위치적인 구원이다. 왜냐하면 위치적인 구원을 받았다는 확신이 있어야 믿음으로 기도하여 실제의 삶속에서 하나님의 구원을 경험할 수 있고 또 날마다 삶속에서 현재적으로 구원을 경험해야 장차 천국에 들어간다는 확신도 가질 수 있기 때문이다. 그러나 기도의 응답을 통하여 현재적으로 하나님의 구원을 경험하면 자신이 이미 구원받았다는 사실을 확신할 수 있을 뿐만 아니라 장차 천국에 들어갈 수 있다는 확신도 가질 수 있다.

3대 확신은 "승리의 확신"이다.

예수를 믿는 순간 마귀와의 전쟁은 필연적이다. 왜냐하면 예수를 믿기 전에는 영적으로 마귀의 자녀였지만(요 8:44) 예수를 믿음으로 하나님의 자녀가 되었기 때문이다(요 1:12). 마귀와의 영적 전쟁에서 이기기 위해서는 예수께서 말씀으로 물리치셨듯이 말씀으로 무장해야 한다. 예수께서 모든 시험에서 승리하셨기 때문에 우리가 어떤 일을 만나도 주님께서 도와주심을 믿고 승리의 확신을 가지고 살아야 한다.

4대 확신은 "기도응답의 확신"이다.

기도에는 반드시 응답이 있다는 확신을 가져야 한다. 성도들이 이런 저런 이유로 기도하지 않는 것은 단지 핑계에 불과하다. 무엇이든지 기도할 수 있지만 응답을 받기 위해서는 주의 계명을 지켜야 하며 기도의 응답을 방해하는 훼방꾼을 물리쳐야 한다. 기도의 응답과 기쁨은 비례하기 때문에 기쁨이 충만한 삶을 살기 위해서는 기도하는 삶을 살아야 한다.

5대 확신은 "인도의 확신"이다.

하나님께서 죽을 때까지 인도하시겠다고 약속하셨기 때문에 성도는 주님의 인도를 받는 삶을 살아야 한다. 그러나 주님의 인도를 받기 위해서는 오직 주님을 신뢰해야 하고 주님의 음성을 듣기 위해서 기도해야 하며 인도를 받기에 합당한 삶을 살아야 한다. 주님의 인도는 인간의 예측을 초월하기 때문에 인간의 경험과 생각을 내려놓아야 한다. 점진적으로 인도하시기 때문에 조급한 마음을 버려야 하며, 어려운 과정을 거치지만 결국은 소원의 항구로 인도하시기 때문에 어려움이 있다고 하여 주님의 인도를 의심해서는 안 된다. 다윗이 주님의 인도를 노래한 시편 23편은 우리 모두의 노래가 되어야 한다.

6대 확신은 "임마누엘의 확신"이다.

하나님께서 우리와 함께 하신다는 결정적인 증거가 바로 예수님을 이 세상에 보내신 것이다. 예수님의 이름이 "임마누엘"이라는 것이 이를 증명한다. 하나님께서 우리와 함께 하시는 것을 경험하기 위해서는 무엇보다도 주님이 함께 하신다는 확신을 가져야 하고, 말씀에 순종해야 하고, 주신 사명을 잘 감당해야 하고, 하나님께 부르짖어 기도해야 한다. 하나님께서 어려운 때에 오히려 우리와 함께 하시기 때문에 계속해서 어려움이 닥친다 해도 하나님께서 함께 하신다는 사실을 의심해서는 안 된다. 또한 하나님께서 함께 하신다는 사실을 믿을 뿐만 아니라 다른 사람에게도 보여주어 하나님께 영광을 돌리게 해야 한다.

7대 확신은 "상 주심의 확신"이다.

구원은 하나님의 은혜로 받지만 상급은 전적으로 자신의 행함으로 받는다. 상은 단지 장차 죽어서 천국에서만 받는 것이 아니라 살아 있는 동안에 이 세상에서도 받는다. 예수님은 자신을 좇은 제자들에게 장차 천국에서 이스라엘 12지파를 다스릴 뿐만 아니라 이 땅에서 100배의 복을 받을 것이라고 말씀하셨다.

신자가 하나님의 상 주심을 바라보아야 하는 이유는 천국에서의 상은 한번 결정되면 영원하기 때문이다. 성도는 천국에서 상 받는 것을 인생의 최고의 목표로 삼고 주님께 죽도록 충성해야 한다.

_ 핵심13주 제자훈련

"핵심13주 제자훈련" 과정은 13주 과정으로, 양육 과정의 마지막 단계인 동시에 사역자가 되기 위한 준비 과정이다. 본 과정이 양육 과정이지만 훈련 과정의 예비적 성격을 지니기 때문에 '과' 라는 명칭을 사용하지 않고 '훈련마당' 이라는 명칭을 사용하고 있다.

본 과정은 평신도사역자가 기본적으로 알아야 할 내용들을 다루고 있다. 단순한 지식 전달이 목표가 아니라 훈련을 통하여 주님의 인도를 받는 삶을 살게 하고, 사역자의 비전을 갖게 하는 것이 본 과정의 목표이다.

이 과정에서 가장 중요하게 여기는 것은 매일 성경 암송과 큐티를 했는지를 점검하고, 큐티를 나누는 것이다. 큐티를 통하여 날마다 주님의 음성을 듣지 못하면 주님의 인도를 받을 수 없고 그리스도인으로서 승리하는 삶을 살 수가 없다.

첫 번째 훈련마당 "제자삼는 사람들"에서는 핵심13주 제자훈련의 필요성과 예수의 제자가 되기 위해 치루어야 할 대가와 상급에 대하여 공부한다.

두 번째 훈련마당 "점검, 구원의 확신"에서는 다양한 방법으로 구원의 확신을 점검하고, 왜 구원의 확신이 흔들리는지 그 이유를 설명하고, 구원 간증문을 작성한다.

세 번째 훈련마당 "큐티의 생활화"에서는 경건 훈련의 필요성과 방법에 대하여 공부하고 실제적으로 큐티 연습을 한다.

네 번째 훈련마당 "하나님은 어떤 분이신가요?"에서는 하나님의 두 가지 성품(공유적 속성과 비공유적 속성)과 사역에 대하여 공부한다.

다섯 번째 훈련마당 "예수님은 어떤 분이신가요?"에서는 예수께서 완전한 사람이며 완전한 하나님이심을 다양한 방법으로 증명하고, 그분께서 어떻게 구속 사역을 완성하셨는지 그 과정을 공부한다.

여섯 번째 훈련마당 "성령충만한 삶"에서는 성령의 다양한 사역을 소개하고 성령의 충만을 받는 방법에 대하여 공부한다.

일곱 번째 훈련마당 "영적 전쟁에서 이기는 길"에서는 영적 싸움의 대상인 마귀의 정체가 무엇이며, 마귀와의 싸움에서 이기려면 어떻게 해야 하는지에 대해 공부한다.

여덟 번째 훈련마당 "기도의 응답으로 사는 삶"에서는 기도에 관한 일반적인 내용, 기도의 필요성과 다양한 기도의 방법에 대하여 공부한다.

아홉 번째 훈련 마당 "하나님의 말씀과 동행하는 삶"에서는 하나님의 말씀인 성경이 우리의 손에 들어오기까지의 과정과 하나님의 말씀으로 동행하는 방법을 공부한다.

열 번째 훈련마당 "믿음으로 순종하는 삶"에서는 믿음에는 크게 세 가지 종류가 있음을 소개하고, 왜 믿음으로 살아야 하며, 어떻게 하면 믿음으로 살 수 있는지에 대하여 공부한다.

열한 번째 훈련마당 "복음 증거의 삶"에서는 복음에 대한 정확한 이해와 복음을 전해야 할 삼중적인 이유와 복음 증거의 방법에 대하여 공부한다.

열두 번째 훈련마당 "성도의 교회 생활"에서는 교회의 사명이 무엇이며, 성도가 교회 생활을 어떻게 해야 하는가에 대하여 공부한다.

열세 번째 훈련마당 "주기도, 사도신경, 십계명"에서는 성도라면 누구나 대부분 암송하고 있는 주기도, 사도신경, 십계명의 내용과 의미가 무엇인지를 정확히 공부한다.

07
평신도사역자 양육 이야기

"평신도를 양육하는 일은

마치 어미가 갓난아이를 기르는 것과 같아서

눈물과 희생이 없이는 한 발자국도 나아갈 수 없다.

그러나 어미가 아이의 자라는 것을 보며 크게 기뻐하듯이

새 생명이 자라는 것을 보는 기쁨은 이루 말할 수 없다."

07

_ 고정관념을 깨뜨려라

한국 교회는 “목회는 목사가 하는 것이다”라는 고정 관념에 꽁꽁 묶여 있다. 이 고정 관념을 깨뜨려야 한다. 모든 평신도들이 사역할 수 있다는 생각을 가져야 한다. 따라서 나이가 드신 노인들도 사역할 수 있다는 생각으로 변해야 한다.

그동안 한국 교회는 노인들을 양육하고 훈련하여 사역자로 만든다는 생각을 하지 못하고 있었다. 여기에는 많은 이유가 있다. 무엇보다도 학습 능력과 체력이 뒤떨어진다는 것이 주요 원인이다. 사실 늙은 사람이 젊은 사람보다 학습 능력이나 체력에 있어서 뒤지는 것은 당연하다.

그러나 그것은 절대적인 것이 아니다. 어떤 사람은 나이가 들었어도 젊은 사람보다 학습 능력이나 체력이 더 나은 사람도 있다.

중요한 것은 잘못된 고정 관념을 깨뜨리는 것이다. 처음부터 노인들은 학습의 주체와 객체가 될 수 없다고 생각하면 그들을 양육하고 훈련하여 사역자로 만들 수 없다.

그렇지만 이런 고정 관념을 깨뜨리면 얼마든지 노인들을 사역자로 만들 수 있다. 노인들을 양육하고 훈련하여 사역자로 세우겠다고 생각하면 그 가능성이 보이게 되고 길이 열린다.

노인들은 무가치한 존재가 절대 아니다. 단지 교회의 빈 자리만 채워주고 주책이나 떠는 자가 아니다. 노인들은 하나님께서 교회에 허락하신 축복의 보고이다. 따라서 노인들을 바라보는 우리의 시각이 바뀌어야 한다.

요사이 평생 교육의 영향으로 여기저기서 공부하는 바람이 강하게 불고 있다. 나이가 들었다고 해서 사역자가 될 수 없다는 것은 노인사역을 경험하지 못한 편견에 불과하다. 이 편견을 깨뜨려야 한다.

바울은 나이가 들었다고 해서 사역을 포기하지 않았다. 그는 하나님께서 부르실 때까지 일했다.

"관제와 같이 벌써 내가 부음이 되고
나의 떠날 기약이 가까웠도다.
내가 선한 싸움을 싸우고
나의 달려갈 길을 마치고 믿음을 지켰으니"(딤후 4:6-7).

또 구약 시대의 요엘 선지자는 이렇게 예언했다.

"그 후에 내가 내 신을 만민에게 부어 주리니
너희 자녀들이 장래 일을 말할 것이며
너희 늙은이는 꿈을 꾸며
너희 젊은이는 이상을 볼 것이며"(욜 2:28).

말세에는 늙은이가 꿈을 꾼다고 말씀하고 있다. 늙었을지라도 꿈을 꿀 수 있다. 하나님은 사람을 통하여 일하시는데 특별히 꿈꾸는 자들과 함께 일하신다.

교회마다 모든 평신도들이 사역하는 꿈을 가져야 한다. 못 배웠어도, 가진 것이 없어도, 나이가 많아도 사역자가 되는 꿈을 꾸어야 한다. 노인은 아무것도 할 수 없다는 고정관념의 틀에서 벗어나야 한다.

_ 꿈은 대가를 요구한다

꿈은 대가 없이 이루어지지 않는다. 꿈은 대가를 지불하는 자에게만 현실로 나타난다. 노인들을 사역자로 만들겠다는 꿈은 나에게 대가를 요구했다.

나는 원래 성질이 급한 편이다. 그런데 노인들의 반응은 느리기 때문에 순간 순간 참고 견딘다는 것이 쉽지 않았다. 그동안 나를 죽이는 훈련을 많이 했지만 아직도 멀었다는 생각이 들 때가 한두 번이 아니었다.

특별히 노인들을 양육할 때에 어려운 점은 그분들의 수준에 맞는 언어 구사를 해야 한다는 것이다. 즉 눈높이 양육을 해야 한다. 마치 어린아이를 대하듯이 해야 한다. 예수께서 친히 낮아지셔서 십자가를 지셨듯이 겸손한 마음으로 낮아지지 않으면 양육할 수 없다. 성육신의 원리가 철저히 적용되어지는 곳이 노인들의 양육 현장이다.

더군다나 학습 능력의 갭이 크기 때문에 어려운 점이 많다. 일반적으로 제자훈련 과정에서는 일정한 자격 조건을 갖추어야 받아준다. 그래서 수준이 거의 비슷한 경우가 많다. 학습 능력, 연령, 신앙 등에 별로 큰 차이가 없다.

그러나 노인들은 그렇지가 않다. 그야말로 천차만별이다. 단지 비슷한 것은 나이 밖에 없다.

이런 문제를 극복하는 비결은 오직 한 가지뿐이다. 양육자가 죽어야 하고 인내해야 한다. 마치 유모가 아이를 기르듯이 희생해야 한다.

일반적으로 목회자들이 제자훈련을 하지 않는 이유 가운데 하나는 자기 희생이 따르기 때문이다. 제자훈련은 본질적으로 '방목'이 아니기 때문에 노인들을 양육한다는 것은 말처럼 쉬운 것이 아니다.

제자훈련은 희생이라는 대가를 요구한다. 그러나 희생은 결코 희생으로 끝나지 않는다.

희생에는 반드시 열매가 따른다. 여인이 해산하는 고통을 통하여 귀한 생명이 탄생되듯이, 자기 희생이 있는 곳에 열매가 주렁주렁 열리게 되는 것이다. 즉 대가를 지불하면 노인들을 펄펄 뛰는 사역자로 만드는 꿈이 반드시 이루어진다.

_ 익숙하지 않은 큐티

앞서 말한 바와 같이 평신도가 양육을 받으려면 한가족 만들기, 7대확신 세우기, 핵심13주 제자훈련 과정을 거치게 된다. 그러나 한가족 만들기 과정과 7대확신 세우기 과정은 별로 어려운 것이 없다. 과제가 없기 때문이다. 그냥 몸만 와서 듣기만 하면 된다.

한가족 만들기 과정과 7대확신 세우기 과정을 어렵지 않게 만든 이유는 처음부터 어렵다는 생각을 갖게 하면 사역자가 될 꿈을 쉽게 포기하기 때문이다. 기초 단계에서는 누구든지 할 수 있다는 자신감을 갖도록 제자훈련 과정이 아주 쉽다는 인상을 주어야 한다.

그러나 양육의 마지막 단계이자 훈련의 첫 단계인 핵심13주 제자훈련 과정은 그렇지 않다. 이 과정은 말 그대로 '훈련과정'이기 때문에 몇 가지 과제물을 요구한다. 다음 과를 예습해야 하고, 매일 한 장씩 성경을 읽어야 하고, 큐티 교재로 큐티를 해야 하고, 성경 두 구절을 암송해야 한다. 다음 과를 예습하고 성경을 읽는 것은 그리 어려운 것이 아니다. 문제는 큐티와 성경 암송이다. 훈련을 받는 사람들은 거의 큐티와 성경 암송을 버거워한다. 왜냐하면 성경 암송과 큐티 훈련을 받아본 경험이 거의 없기 때문이다. 물론 한 평생 예수님을 모르다가 느지막하게 예수를 영접한 사람들은 큐티가 처음이겠지만 신앙 생활을 오래 하신 분들도 큐티를 해 본 경험이 거의 없기 때문에 모두 힘들어 하신다.

그러나 누구든지 진정 평신도사역자를 꿈꾸는 사람이라면 이 힘든 과정을 반드시 통과해야 한다. 왜냐하면 성경을 암송하고 매일 큐티를 하지 않으면 개인적으로 주님과의 교제가 잘 이루어지지 않을 뿐만 아니라, 주님의 인도를 받을 수 없고 또 주님의 인도를 받지 않고서는 평신도사역자가 될 수 없기 때문이다.

그런데 매일 큐티를 하여 주님의 음성을 듣고 주님의 인도를 받는 삶을 산다는 것은 말처럼 쉬운 것이 아니다. 그래서 전 과정이 진행되어가는 동안 계속해서 큐티 훈련을 하여 몸에 배게 하려고 온갖 노력을 기울인다. 그리고 큐티를 지속적으로 할 수 있도록 큐티 책('생명의 삶' 이나 '매일 성경' 등)을 사용하도록 권하고 있다.

큐티 점검의 꽃은 역시 은혜 받은 말씀을 나누는 것이다. 말씀을 나눌 때에 두 가지 현상이 일어난다.

하나는 본문과 전혀 상관없이 은혜를 받는 경우이고, 다른 하나는 본문의 내용에 의해 은혜를 받는 경우이다. 사실 은혜를 받는 것은 주관적인 것이다. 그래서 큐티한 것을 나눌 때에 엉뚱한 이야기를 해도 전적으로 틀렸다고 말할 수 없다. 그러나 아무리 말씀에 근거하여 은혜를 받는다 해도 본문의 의도와 다른 방향으로 은혜를 받는 것은 지양해야 한다. 그래서 큐티 지도를 할 때에는 전후 문맥 속에서 본문이 의도하는 것이 무엇인지를 알게 하는 훈련을 해야 한다. 어떻든 평신도를 사역자로 양육하는 과정에서 가장 힘들고 어려운 관문이 큐티임에 틀림 없다.

큐티 나눔으로 놀라운 부흥을 하고 있는 '우리들교회'의 김양재 목사님의 글을 읽을 때마다 가슴이 뭉클해진다. 말씀이 살아있고 역동성이 있음을 느낀다. 그 이유는 기록된 하나님의 말씀을 개인의 삶 속에 적용해서 자신의 말씀으로 만들기 때문이다. 큐티는 하나님의 말씀을 생동감이 넘치는 살아 있는 말씀으로 느끼게 한다.

_ 십계명 전문을 암송한 이점순 성도

핵심13주 제자훈련 과정에서 큐티 다음으로 힘들어하는 것은 성경 암송이다. 성경 암송은 공부를 많이 했거나 특별히 머리가 좋다고 해서 잘하는 것이 아닌 것 같다.

제1기 평신도사역자 훈련생들을 살펴보면 이런 사실을 쉽게 확인할 수 있다. 제1기 사역자 훈련생 중에는 초등학교조차 가보지 않았지만 대학을 졸업한 사람보다 성경 암송을 더 잘하는 분이 있다.

핵심13주 제자훈련 과정 중 맨 마지막 훈련마당에서는 '주기도, 사도신경, 십계명' 에 대하여 공부를 하는데 이 세 가지를 모두 암송해야 한다. 그런데 주기도와 사도신경은 평소 자주 사용하기 때문에 암송을 하는데 별로 어려움이 없다. 하지만 십계명은 그렇지 않다.

그런데 1기반에서 놀랄만한 일이 일어났다. 71세나 된 분이 십계명 전문을 암송하는 것이었다. 일반적으로 십계명을 암송할 때 십계명의 전문을 암송하지 않고 요약 십계명을 암송한다. 즉, 다음과 같은 십계명이다.

제1계명_ 나 외에 다른 신을 섬기지 말라

제2계명_ 우상을 섬기지 말라

제3계명_ 여호와의 이름을 망령되이 일컫지 말라

제4계명_ 안식일을 기억하여 거룩히 지키라

제5계명_ 네 부모를 공경하라

제6계명_ 살인하지 말라

제7계명_ 간음하지 말라

제8계명_ 도적질 하지 말라

제9계명_ 거짓증거하지 말라

제10계명_ 남의 것을 탐하지 말라

그런데 71세나 된 이점순 성도님이 십계명을 암송한다고 하면서 출애굽기 20장 1-17절의 십계명 전문을 모두 암송하는 것이었다.

나는 지금껏 수십 년간 성경공부를 인도해 오면서 십계명 전문을 암송하는 사람을 보지 못했다. 그런데 71세나 된 분이 한 글자도 틀리지 않고 십계명 전문을 암송하는 것을 보면서 큰 충격을 받았다. 나 뿐만이 아니었다. 함께 암송하는 것을 들은 제1기 훈련생들이 다 같이 충격을 받았다.

나는 공부가 끝난 후 그분에게 물었다.

"이점순 성도님, 어떻게 한 글자도 틀리지 않고 십계명 전문을 다 암송할 수 있었습니까?"

그러자 그분이 대답을 하였다.

"저는 성경 암송을 할 때에 이렇게 기도하고 암송했습니다. 하나님, 저 이점순입니다. 제가 평신도사역자가 되기 위해서 성경 암송을 합니다. 십계명을 다 암송하게 해 주세요."

이렇게 간단하게 기도하고 암송을 했더니 자동적으로 다 외워지더라는 것이었다.

나는 그분의 간증을 들으면서 하나님께서 노인 성도들을 양육하고 훈련하여 사역자로 만드는 것을 기뻐하신다는 것을 깨달을 수 있었다.

_ 어떻게 1년 안에 집사가 될 수 있지?

교회마다 다르지만 일반적으로 교회들에서는 새가족이 등록하여 6개월이 지나면 학습, 1년이 지나면 세례를 주고, 또 1년 동안 교회 생활에 어느 정도 정착을 하면 서리 집사로 임명을 한다. 그래서 실제로 믿음이 없어도 일정 기간이 지나면 집사의 직분을 받는 경우가 많다.

그러나 우리 교회는 이런 식으로 집사 직분을 받지 못하도록 처음부터 교회 정관에 집사의 직분을 받는 자격을 규정해놓았다. 우리 교회의 정관 제6조(제직) 5항(서리집사)은 이렇게 규정하고 있다.

> "서리집사는 담임목사의 목회 방침에 따라 본 교회의 봉사를 위해 임명하며 한가족 만들기, 7대확신 세우기, 핵심13주 제자훈련 과정을 마쳐야 한다. 단, 1년 임시직이다."

그래서 서리 집사의 직분을 받으려면 우선 한가족 만들기, 7대확신 세우기, 핵심13주 제자훈련 과정을 마쳐야만

한다. 그리고 주일을 성수해야 하고, 십일조를 해야 한다. 양육과정을 마치지 않거나, 주일성수와 십일조를 하지 않으면 집사의 직분을 받을 수 없다. 다시 말해, 교회에 등록해서 시간만 지나면 자동적으로 받는 직분 시스템을 바꾸었다. 실제적으로 집사다운 믿음의 본을 보여주는 사람에게 집사의 직분을 준다.

지금까지 네 명이 우리 교회에서 서리집사 직분을 받았다. 최초의 집사 직분을 받은 사람은 김영수 집사님이고, 그 다음에 받은 분들은 이점순 성도, 홍주화 성도, 박인숙 집사님이다. 김영수 집사님은 이전 교회에서 수년간 신앙 생활한 것을 참작하여 서리집사가 되었고, 나머지 분들은 'D3 양육시스템' 에 의하여 정상적인 양육 과정을 거쳐서 받게 되었다. 세 분 중 두 분은 예수를 믿은 지 1년도 안 되었지만 정관의 규정대로 세 단계 양육 과정을 마치고 주일 성수와 십일조 생활을 하기 때문에 서리집사 직분을 받았다.

그런데 'D3 양육시스템' 에 의해 양육을 받아 집사로 임명을 받은 분과 그렇지 않은 성도와는 차이가 많다. 예수를 믿은 지 얼마 되지 않았다 해도 'D3 양육시스템' 에 의하여 양육을 받아 서리집사로 임명을 받은 분들은 신앙 생활이 반듯하고 뜨겁다. 그러나 일정한 양육시스템에 의해 제대로 양육을 받지 못한 분들의 신앙은 들쑥날쑥하다.

혹자는 '어떻게 1년 안에 집사가 될 수 있지?' 라고 궁금하게 생각할 수 있다. 그러나 직분은 '기간' 이 기준이 되어서는 안 된다. '삶의 변화' 가 기준이 되어야 한다. 일정한 기간이 지났다고 해서 자동적으로 직분을 주지 말고 삶과 신앙에 맞게 직분을 주어야 한다.

우리 교회는 1년 안에 집사 임명을 받은 평신도사역자가 기존의 집사들보다 신앙이나 삶에 있어 훨씬 본이 되는 삶을 살고 있다.

08

평신도 사역자 훈련 이야기

"양육을 마치면 반드시 훈련을 시켜

사역자가 되게 해야 한다.

주님께서는 가르치지만 말고

가르친 것을 지키게 하라고 말씀하셨다.

가르친 내용대로 살 수 있도록

훈련하는 과정이 제자훈련이다."

08

_ 삼중적인 사역자 훈련

양육 과정인 한가족 만들기, 7대확신 세우기, 핵심13주 제자훈련 과정을 마치면 곧바로 사역자 훈련을 받게 된다. 양육이 끝난 후 공백 기간을 가지면 안 된다. 곧바로 사역자 훈련에 들어가야 한다. 중간에 공백 기간이 있으면 사역자 훈련을 받고 싶은 마음이 곧 식어진다. 내친 김에 계속 달려야 한다.

양육 과정을 마치고 사역자 훈련 과정으로 진입하려고 할 때 중도에서 포기하고자 하는 사람이 생길 수가 있다. 그러나 기도하며 설득해서 반드시 사역자 훈련을 받게 해야 한다. 왜냐하면 양육 과정을 거치게 하는 것은 단지 양육만 받게 하는 것이 목적이 아니다. 평신도 사역자가 되게 하려는데 그 목적이 있기 때문이다.

사역자 훈련은 삼중적인 훈련 방법으로 한다. 삼중적인 훈련 방법이란 집중, 반복, 시연(試演)을 통하여 사역자를 훈련시키는 방법이다. 이 방법을 사용하면 학력 수준이 낮아도, 나이가 많아도, 가르치는 은사가 없어도 크게 상관이 없다. 동일한 것을 계속해서 반복하기 때문에 자신도 모르는 사이에 모든 과정을 체득하게 된다.

초대 교회의 성도들이 큰 핍박으로 흩어져서 어디를 가든지 예수는 그리스도라고 담대히 전도할 수 있었던 것은 바로 이 방법을 사용했기 때문이다(행 5:42).

사실 나는 평신도들을 훈련하면서 절망과 소망의 골짜기를 넘나들었다. 아무리 쉬운 것을 가르쳐도 다음에 물어보면 전혀 배우지 않은 것처럼 대답하는 것을 보면서 깊은 절망과 낙심의 골짜기로 떨어지기도 했다.

그러나 여러 번 반복에 반복을 하는 과정을 통하여 그들 자신도 "내가 언제 몰랐지!"라는 식으로 대답하는 것을 보고 다시 소망의 산봉우리에 오르게 되었다.

인내가 없이는 평신도들을 훈련시킬 수 없다. 특별히 참고 견디는 마음이 없이는 70세가 넘은 노인들을 사역자로 만들 수 없다. 이미 공부와는 오랜 세월 담을 쌓고 살았던 분들이기 때문에 아무리 훈련 방법이 탁월해도 평신도들을 사역자로 만든다는 것은 쉬운 일이 아니다. 아비 된 마음이 없이는 한 걸음도 앞으로 더 나아갈 수 없다. 나는 평신도들을 훈련하면서, 특별히 70세가 넘은 분들을 훈련하면서 사도 바울의 마음을 조금이나마 이해할 수 있었다.

"또한 우리는 너희에게든지 다른 이에게서든지
사람에게는 영광을 구하지 아니하였노라
우리는 그리스도의 사도로서 마땅히 권위를 주장할 수 있으나
도리어 너희 가운데서 유순한 자가 되어
유모가 자기 자녀를 기름과 같이 하였으니
우리가 이같이 너희를 사모하여 하나님의 복음뿐 아니라
우리의 목숨까지도 너희에게 주기를 기뻐함은
너희가 우리의 사랑하는 자 됨이라"(살전 2:6-8).

_ 두려움과 공포의 시간

나는 평소에도 탈권위를 주장한다. 그래서 성도들과 거리를 두지 않고 어울린다. 나의 장점과 단점을 다 그대로 노출시킨다. 아내는 나의 이런 행동에 늘 불만을 표시한다.

"목사답게 거룩하라."

그러나 아내의 핍박(?)이 있어도 그게 쉽게 고쳐지지를 않는다. 요즘 시대에는 오히려 이렇게 행동하는 것이 더 합당할지도 모른다는 생각이 든다.

그런데 이상한 것은 훈련 시간만 되면 훈련생들이 나를 몹시 무서워하고 벌벌 떤다는 사실이다. 훈련생들은 훈련과정 중 배운 것을 그대로 발표해야 하고, 발표를 할 때마다 나의 평가를 받아야 한다. 이 평가 시간은 훈련생들에게는 공포의 시간이다. 제대로 발표하지 못할 때 호된 책망(?)을 받게 되기 때문이다. 훈련생들이 나름대로 미리 준비를 해도 내 앞에서는 긴장이 되어서 그런지 제대로 발표를 못하는 경우가 많다.

사역자 훈련을 하다보면 웃지 못할 일이 발생하기도 한다. 사역자 훈련은 일주일에 두 번씩 한다. 일반적으로는 오전 11시에 훈련을 하지만, 특별한 사정이 생길 경우는 점심을 먹고 나서 오후 2시에 훈련을 할 때가 있다.

그런데 나는 조금만 과식하면 졸음이 오는 체질이라 점심에 과식을 하면 오후 시간 내내 약 먹은 병아리 같이 된다. 이런 사실을 훈련생들이 알고 어떤 훈련생은 자신이 발표하는 날에 고의로 점심을 많이 먹게 해서 졸게 만들어 호된 책망을 피해가는 꾀를 내기도 한다.

_ 끝없는 반복훈련

일반적으로 교회에서 성경 공부를 가르칠 때에는 크게 두 가지 애로가 있다.

하나는, 성도들이 가르침을 귀담아 듣지를 않는다는 것이다. 아마도 교회에서 가르치는 것은 몰라도 세상을 살아가는 데에 아무런 문제가 없다고 생각하기 때문일 것이다. 다시 말해 취직이나 돈 버는 일과 전혀 무관하다고 생각하기 때문이리라. 그래서 그런지 아무리 열심히 가르쳐도 다음 시간에 점검해 보면 모르쇠로 일관한다.

또 다른 하나는, 학습 대상이 일정하지 않다는 것이다. 즉 학교 가방 끈이 짧거나 나이가 많아 학습 능력이 다소 떨어지는 사람들이 있다는 것이다.

그런데 이 두 가지 애로 사항을 극복하는 학습 방법이 있다. 그것은 반복하는 것이다. 반복을 하되 계속해야 한다. 낙숫물이 바위를 뚫듯이 계속해서 반복할 때 의도한 학습 효과를 얻을 수 있게 된다. 학력과 나이와 상관없이 같은 수

준에 이르게 할 수 있다.

이미 밝힌 대로 제1기 훈련생 세 사람 중 두 사람은 70세가 넘었고 한 사람만 64세이다. 다른 곳에서는 제자훈련 받는 것은 생각도 못할 나이이다. 하지만 훈련생들은 최선을 다하여 사역자 훈련을 받는다. 문제는 수업을 다 마치고 마지막 정리를 하면서 배운 것을 물으면 동문서답을 한다는 것이다. 그러나 계속해서 반복하자 어느 순간 그들의 입에서 거침없이 대답하는 것을 보면서 놀라지 않을 수가 없다. 바울은 빌립보 교회에 보낸 편지에서 이렇게 말하고 있다.

> "종말로 나의 형제들아 주 안에서 기뻐하라.
> 너희에게 같은 말을 쓰는 것이 내게는 수고로움이 없고
> 너희에게는 안전하니라"(빌 3:1).

무슨 의미인가? 하나님의 말씀은 반복해서 가르쳐야 그 말씀이 성도들을 안전하게 지킨다는 것이다. 다시 말해서 반복할 때에 학습 효과가 나타나게 된다는 말이다. 그래서 유대인들은 "반복은 배움의 어머니"라고 까지 했다. 반복은 사람을 변화시키는 최고의 학습 방법이다.

미국의 대학입시를 위한 학습능력 적성시험인 SAT (Scholastic Aptitude Test)에서 1600점 만점을 받아 하버드 의예과 전액 장학생이 된 지인환 군은 자신이 그렇게 공부를 잘할 수 있었던 이유를 다음과 같이 말하고 있다.

"공부가 잘 되지 않는 학생들은 공부 잘하고 높은 점수를 받는 학생들이 단 한 번에 공부를 끝낸다고 오해하곤 하는데 결코 그렇지 않습니다. 적어도 3~4회 이상 시험 볼 범위를 반복해서 읽고 이해되지 않거나 외워지지 않는 부분을 확실히 점검하고 지나가기 때문에 좋은 점수를 받은 것이지, 머리가 좋기 때문에 단 한 번의 공부로 끝내는 법은 결코 없습니다. 물론 저도 단 한 번 읽고 그 내용을 모두 암기하거나 이해한 적은 단 한 번도 없었습니다. 적어도 2~3번 이상 반복해서 공부해야 했습니다."

_ 한 가지 주제에 집중

'D3 양육시스템' 에서 집중하는 한 가지 주제는 '예수께서 그리스도가 되신다' 는 사실이다. 즉 예수께서 구원자가 되신다는 것이다.

왜 예수께서 그리스도가 되신다는 사실에 집중해야 하는가? 교회가 예수께서 그리스도라는 신앙고백 위에 세워졌기 때문이다.

예수께서 가이사랴 빌립보 지방에 가셨을 때에 제자들에게 물으셨다.

"사람들이 인자를 누구라 하느냐."

제자들이 더러는 세례요한, 더러는 엘리야, 더러는 예레미야나 선지자 중의 하나라고 대답했다.

이 말은 예수께서 듣고 싶어하시는 대답이 아니었다.

예수께서 다시 물으셨다.

"너희는 나를 누구라 하느냐."

그러자 베드로가 대답했다.

"주는 그리스도시요 살아계신 하나님의 아들이시니이다."

예수께서 너무 기뻐셔서 그를 축복하셨다.

"바요나 시몬아 네가 복이 있도다 이를 네게 알게 한 이는 혈육이 아니요 하늘에 계신 내 아버지시니라 내가 네게 이르노니 너는 베드로라 내가 이 반석 위에 내 교회를 세우리니 음부의 권세가 이기지 못하리라."

즉 교회가 예수께서 구원자라는 신앙고백 위에 세워졌기 때문에 계속해서 이 사실을 가르쳐야 한다. 초대 교회가 날마다 예수께서 그리스도라고 가르치고 전도했던 것은 바로 이 사실을 알고 있었기 때문이다.

"저희가 날마다 성전에 있든지 집에 있든지 예수는 그리스도라 가르치기와 전도하기를 쉬지 아니하니라"(행 5:42).

초대 교회는 예수께서 그리스도라는 사실이 너무 중요하다는 사실을 알고 있었기 때문에 이것을 '날마다' 가르치고 전했다. '날마다' 가르쳤다는 말은 반복했다는 말이다. 초대 교회의 성도들이 나가서 그토록 복음을 잘 증거할 수 있었던 것은 성전에 있든지 집에 있든지 날마다 예수께서 그리스도이심을 집중적으로 배웠기 때문이다.

역대상 9장 33절은 이렇게 말씀한다.

"또 찬송하는 자가 있으니 곧 레위 족장이라 저희가 골방에 거하여 주야로 자기 직분에 골몰하므로 다른 일은 하지 아니하였더라."

레위 족장들이 자기 직분에 집중함으로 찬송하는 일을 잘 감당할 수 있었듯이, 한 가지 일에 집중할 때에 그 일에 전문가가 될 수 있다.

베드로는 랍비가 아니었다. 제사장 집안의 출신도 아니었다. 단지 무식하고 거친 어부로 안식일에 회당에 출석하여 성경을 낭독하는 것만을 들었을 것이다.

그러나 베드로가 성경을 인용하여 사람들을 압도하고 가장 적절하게 말씀을 사용할 수 있었던 것은 부활하신 후 승천하실 때까지 예수님으로부터 예수님에 대한 성경 말씀을 집중적으로 가르침을 받았기 때문이다(눅 24:27, 32, 44, 행 1:3).

예수께서 그리스도가 되신다는 말은 크게 세 가지 의미가 있다.

첫째는, 예수께서 모든 죄로부터 건져주시는 분이라는 것이다.

둘째는, 지금 겪고 있는 문제에서 건져주시는 분이라는 것이다.

셋째는, 장차 천국으로 인도해주시는 분이라는 것이다.

교회는 계속해서 예수께서 이 세 가지 부문에서 구원자가 되신다는 사실을 가르쳐야 한다. 예수께서 구원자라는 사실을 깨닫게 되면 삶이 바뀌게 된다. 그동안 돈, 자식, 건강이 전부라고 생각했던 가치관에서 바뀌어 오직 예수님만이 자신의 모든 것이 되신다고 생각하게 된다. 우리가 세상을 살아가면서 예수께서 구원자라는 사실을 확신할 때에 오직 주님만 바라보며 살 수 있는 것이다.

_ 시연훈련 시범

'시연'(試演)의 사전적인 의미는 연극 · 무용 · 음악 등을 일반 공개에 앞서 시험적으로 상연하는 일이다. 그러나 본서에서 말하는 '시연'(試演)이란 양육자의 입장에서 배운 것을 그대로 피양육자에게 가르치는 것을 말한다. 이것은 작품을 무대에 올려 공연을 하기 전에 미리 실습하면서 잘못된 부분을 지적 받는 과정을 통하여 보다 완벽한 공연을 하는 리허설과 같은 개념이다. 훈련받는 사람들을 평가하는 것은 제자훈련 과정의 중요한 부분이다.

예수님은 자신이 행하시고 보이심으로 그치지 않으시고 면밀한 계획 하에 제자들을 훈련하신 후 현장에 파송하여 그들로 하여금 사역을 하게 하신 후 그들의 사역을 평가하셨다(마 10, 눅 10). 평신도사역자를 훈련시킬 때에는 먼저 목회자가 시범을 보인 후에 그들로 하여금 배운 대로 직접 해보도록 해야 한다.

독자적으로 해보지 않은 일은 결코 성공하기가 쉽지 않

다. 그렇기 때문에 목회자는 사역자가 되기 위해 훈련받는 평신도들을 한 사람씩 발표하게 하고 평가함으로 그들의 부족한 면을 지적하고 가르쳐서 온전케 해야 한다.

그러나 한 번의 시연만으로는 유능한 사역자가 되게 할 수 없다. 시연훈련은 성격상 연습을 하는 것이기 때문에 반복훈련과 함께 해야 한다. 시연훈련을 하되 양육자와 같은 수준이 될 때까지 계속 반복해야 한다. 교회에서만 하지 말고 집에서도 가족들에게 해야 한다. 사역자 훈련을 받는 사람들이 많은 경우는 두 사람씩 짝을 지어 서로 시연을 하게 한 후에 최종적으로 양육자에게 점검을 받게 하면 시간을 단축할 수 있다. 평신도끼리 시연훈련을 하면 상대적으로 부담을 덜 느끼게 되어 오히려 잘 할 수도 있다.

시연훈련은 원칙적으로 한가족 만들기, 7대확신 세우기, 핵심13주 제자훈련의 모든 과정을 다 해야 한다. 하지만 훈련팀이 많은 경우는 상당한 시간이 걸리기 때문에 사역자를 빨리 배출해야 하는 상황이라면 한가족 만들기 과정만 훈련해도 무방하다. 왜냐하면 한가족 만들기 과정만이라도 시연훈련을 통하여 가르치는 방법과 기술을 습득하게 되면 다른 과정도 자기 스스로 가르칠 수 있는 능력을 갖추게 되기 때문이다.

우리 교회에서는 한가족 만들기 과정 중 '제1과 복음이란 무엇인가?' 와 '제2과 믿는 자가 누리는 복' 만 시연훈련하고 평신도사역자로 임명한다. 그리고 사역하면서 계속해서 남은 과를 시연훈련하고 있다.

_先사역 後보충훈련 시스템

일반적으로 사람들은 예수께서 3년간 제자훈련을 시키신 것을 예로 들어 적어도 평신도들이 3년은 훈련 받아야 사역을 할 수 있다고 주장한다.

그러나 성경은 예수께서 3년 동안 제자훈련을 다 마친 다음에야 그들에게 사역을 시키셨다고 말씀하고 있지 않다. 예수님은 제자들에게 전도훈련을 시키신 후 **즉시 현장에 나가 사역을 하도록** 하셨고 그 후에 그들의 사역을 평가하시고 계속해서 제자들을 다양하게 훈련시키셨다.

사도 바울도 다메섹 도상에서 회심하자마자 예수께서 그리스도이심을 전하고 가르쳤다(행 9:20-22). 혹자는 사도 바울이 아라비아에서 3년간 있었던 것을 근거로(갈 1:17-18) 그가 3년간 제자훈련을 받은 후에 사역을 시작했다고 주장한다.

하지만 바울은 이미 아라비아에서 3년 간 훈련을 받기 전부터 사역을 하고 있었다. 오히려 그가 아라비아에서 받은 3년 동안의 훈련은 보충훈련을 받은 것으로 이해하는 것이 더 타당하다. 사도 바울은 수차례에 걸친 전도 여행을 통하여 여러 곳에 교회를 세우고 현지 사람들이 많은 훈련을 받지 않았음에도 불구하고 그들을 지도자로 세운 후에 사역을 맡기고 그곳을 떠났다.

성경은 평신도들이 오랜 기간 동안 훈련을 받아야만 사역을 할 수 있다고 말씀하고 있지 않다. 따라서 예수님과 바울의 예를 들어 3년 이상 제자훈련을 한 후에야 사역을 하게 해야 한다고 주장하는 것은 타당하지 않다.

'先사역 後보충훈련 시스템' 은 짧은 기간에 소정의 양육과 사역자 훈련을 받고 사역을 하게 한 후, 계속해서 사역자 보충훈련을 하는 시스템을 말한다.

이 시스템은 전통적인 사역방법, 즉 훈련을 다 마친 후에야 사역하게 하는 방법에 일종의 변화를 시도한 것으로 평신도의 조기 사역을 통하여 교회내의 사역자 부족현상을 해결하고 평신도 사역형 교회로의 전환을 용이하게 할 수 있다.

先사역 後보충훈련 시스템을 이용하면 다음과 같은 유

익이 있다.

첫째로, 사역자로 하여금 계속해서 배우는 마음을 갖게 한다. 여러 단계를 거쳐 사역자가 되는 경우는 수료하는 날부터 훈련이 끝이라고 생각하기 쉽다. 그러나 先사역 後보충훈련을 하는 경우는 오히려 반대의 생각을 갖게 된다. 모든 과정을 마치지 않았음에도 불구하고 사역자가 되었기 때문에 더욱 더 유능한 사역자로서의 실력을 갖추기 위하여 노력하는 마음을 갖게 된다.

둘째로, 새신자가 1년 안에 사역자가 되기 때문에 교회에 활력이 넘치게 된다. 일반적으로 예수를 믿은 지 1년이 되지 않은 사람은 교회 안에서 새신자 취급을 받는다. 교회의 모든 행사에 구경꾼일 뿐 적극적인 참여를 기대할 수 없다. 그런데 그런 사람이 1년 안에 사역자로 바뀌어 사역을 하기 때문에 교회에 활력과 생명력이 넘쳐나게 된다.

셋째로, 나이가 많이 드신 분도 사역자가 되게 할 수 있다. 연세가 드신 분일수록 암기한 것을 쉽게 잊어버린다. 그러나 사역하면서 계속해서 보충훈련을 받으면 배운 것을 기억할 수 있다.

3부

평신도 사역자의 사역과 신앙 이야기

9장_ 초대교회의 성도처럼

10장_ 섬김과 나눔의 삶

11장_ 소망과 감동의 글

12장_ 장영실 성도의 신앙 이야기

13장_ 웃음꽃이 활짝 핀 교회

09
초대교회의 성도처럼

“강하게 불던 명퇴의 바람이 교회 안에도 거세게 불어 닥쳐 나이가 드신 분들이 교회 안에서 설 자리가 점점 사라져가고 있다. 즉 많은 경험과 지혜가 있는 분들의 능력이 사장되어가고 있다.

노인들이 교회에서 하는 일은 단지 예배시간에 자리를 채워줄 뿐이다. 그러나 노인이라는 이유로 소외시키거나 방치해서는 안 된다. 왜냐하면 노인도 그리스도의 몸인 교회의 지체 중 하나이기 때문이다.”

09

날마다 전도와 기도

양육과 훈련을 받았으면 현장에서 실제적으로 기도와 전도를 해야 한다. 그리고 제자삼는 사역을 해야 한다. 사역이 뒤따르지 않는 양육과 훈련은 아무런 의미가 없다. 초대교회는 날마다 집에 있든지 성전에 있든지 예수는 그리스도라 가르치고 전도하기를 쉬지 아니하였다(행 5:42).

하루를 분초 단위로 쪼개 쓰는 현대 그리스도인들이 초대교회 성도들 같이 날마다 전도한다는 것은 쉬운 일이 아니다. 하지만 노인들은 상대적으로 시간적인 여유가 있기 때문에 초대교회 성도들과 같이 날마다 교회에 모여 기도하고 전도할 수 있다.

우리 교회의 노인사역자들은 오전 11시경 교회에 모인다. 그래서 함께 기도를 하고 나서 교회 주변으로 흩어져 전단지를 돌린다.

우리 교회는 개척한 지 얼마 되지 않았기 때문에 교회를 홍보하기 위하여 두 달에 한번 전단지를 제작하여 반은 신문에 넣고 반은 노인사역자들이 가가호호 방문하며 전단지를 돌린다. 젊은 사람도 높은 계단을 오르내리면 힘이 드는데, 훈련받은 우리 노인사역자들은 무릎이 건강한 편이라 별로 힘들어 하시지를 않는다. 아직까지는 많은 전도의 열매는 없다. 하지만 노인들이 날마다 교회에 모여 함께 기도하고 전도를 나가는 것 자체가 의미가 있다. 왜냐하면 함께 모여 기도하고 전도하는 것 자체가 주님께서 마지막으로 유언하신 명령에 순종하는 것이기 때문이다.

노인사역자들이 전도를 나가면 꼭 사람을 붙여주신다. 전도하고 싶었던 사람을 만나게도 하고, 교회에 나오다가 안 나오는 분을 만나게도 하고, 소식이 궁금했던 분을 만나게도 한다. 그래서 전도를 나갈 때마다 기대감을 갖고 나선다.

빌립이 가사 광야로 가라는 성령의 음성에 순종하여 그곳에 이르자 간다게의 국고를 맡은 내시를 만나게 하여 그에게 복음을 전하게 하신 것처럼 하나님께서는 복음을 들고 나가는 자들에게 영혼을 붙여주시는 것을 늘 체험하고 있다.

그래서 노인사역자들이 전도 현장에서 돌아오면 하나님께서 하신 일을 자랑하느라고 정신이 없다. 이런 모습은 마치 예수께서 제자들을 파송했을 때에 제자들이 돌아와서 보고하던 장면을 연상시킨다.

"칠십인이 기뻐 돌아와 가로되
주여 주의 이름으로 귀신들도
우리에게 항복하더이다"(눅 10:17).

노인사역자들은 늘 고백한다.

"목사님, 전도하러 나가기가 힘들지, 일단 전도하러 나가면 하나님께서 힘을 주시고 열매를 주십니다."

주님께서 마지막 승천하시면서 명령하셨다.

"너희는 가서 모든 족속으로 제자를 삼으라."

이 명령에 교회는 순종해야 한다. 부지런히 씨를 뿌리고 때를 기다리면 주께서 반드시 거두게 하실 것이다.

_고난 중에 있는 성도 심방

목회를 하다 보면, 병에 걸리거나 기타 여러 문제로 고통당하는 성도가 생겨 심방을 해야 하는 경우가 있게 마련이다. 나는 성도들이나 또 전도 대상자들 중에 병원에 입원해 있거나 초상이 나거나 기타 어려움에 처한 소식을 접하면 만사를 제쳐놓고 달려간다. 또 영혼을 구원할 일이라면 어디든지 달려간다. 심지어 울산까지도 다녀온 적이 있었다.

그런데 한번 심방을 가서 해결될 일이 있는가 하면, 그렇지 않은 경우도 있다. 후자의 경우에는 여러 번 심방을 가야 하기 때문에 노인사역자들도 심방을 함께 하도록 권면한다. 노인사역자들이 심방을 가서 찬송하고 문제를 위해 합심하여 기도하고 성경공부를 가르친다. 이미 양육과 훈련을 받아 사역자가 된 분들이기 때문에 환자를 만나 성경공부를 하는 것은 별로 어려운 일이 아니다. 오히려 특별 사역을 할 수 있는 절호의 찬스이다.

노인사역자들이 심방을 갈 때에는 빈손으로 가지 않는

다. 본인들이 집에서 만든 반찬이나 기타 음식을 가지고 간다. 형식적으로 심방을 하지 않는다. 그리스도의 사랑으로 심방을 하기 때문에 성도들이 노인사역자들의 심방을 기뻐하고 사모한다.

대표적인 경우가 윤지식 씨이다. 그분은 지금 간경화로 죽음의 골짜기를 통과하고 있다. 언제 하나님 앞에 가게 될지 아무도 예측할 수 없다. 그분은 노인사역자들이 심방을 가면 매우 반가와 하며 무릎을 꿇고 말씀을 듣는다. 그리고 눈물을 흘리면서 감사의 마음을 표한다. 그래서 노인사역자들이 그 집에 심방을 다녀오면 사역자가 된 것에 대한 큰 긍지와 자부심을 느낀다고 고백한다. 경우에 따라서는 심방시 과일이나 음료수를 가지고 가는데 노인사역자들은 하나님께서 자신들을 심방에 사용해 주심에 감사하여 그런 비용까지도 자신들이 기쁘게 부담한다.

노인사역자가 심방을 갈 때에는 혼자 가지 않고 주로 2-3명이 한 조를 이루어 간다. 심방을 가서 어떤 분은 말씀을 전하기도 하고, 어떤 분은 기도를 하기도 하며 협력사역을 한다.

그렇다고 모든 심방 사역을 노인사역자들에게만 맡기는 것은 아니다. 노인사역자들이 사역하기에 적합한 곳만 보내드린다. 노인사역자들은 심방을 다녀와서 행복한 이야기 꽃을 피운다. 아무데도 쓸모없다고 생각하던 자신들을 주님께서 써 주심에 감사를 드리며 찬송을 부른다.

_ 가르치는 사역

'D3 양육시스템' 에 의하여 양육을 받고 훈련을 받아 사역자가 되면 우선적으로 해야 하는 사역이 양육 사역이다. 양육 사역의 방법은 크게 두 가지이다.

하나는, 주일에 교회의 공식적인 프로그램에 맞춰서 새로 등록하여 한가족이 된 성도들을 가르치는 것이다.

다른 하나는, 주중에 성도들의 집으로 찾아가 일대일로 양육하는 것이다. 현재 우리 교회에서는 전자의 프로그램에 의한 양육은 하지 못하고 있다. 왜냐하면 아직은 목사 혼자서도 성도들을 양육하기에 충분하기 때문이다. 그러나 머지않아 주일에 새롭게 등록하는 새가족들에게도 가르치는 사역을 하게 될 것이다.

노인사역자들이 양육 사역을 할 때에는 젊은 사람들보다 나이 드신 분들을 맡기는 것이 더 효과적이다. 현재 우리 교회에는 80세 이상이 되는 분이 두 분이 계신다. 그분 중 한 분이 다리가 아프셔서 교회에 잘 나오지 못하기 때문에 직접 그분의 집에 찾아가서 성경 공부를 한다. 또 중한 병으로 교회에 나오지 못하는 성도들의 집으로 찾아가서 성경 공부를 인도한다.

성경공부는 교회에서 하는 것보다 집에서 하는 것이 훨씬 더 효과적이다. 교회에서보다 마음의 문을 쉽게 열기 때문에 학습 효과가 더 크다. 그리고 외로운 분들의 말벗이 되어 드리면 너무 좋아하신다.

나이가 드신 분이라고 교회가 방치하면 안 된다. 사실 양육이 더욱 더 필요한 사람은 젊은이가 아니라 연세가 드신 분이다. 왜냐하면 믿음은 들음에서 나는데(롬 10:17) 늙었다고 전혀 말씀을 배우지 않으면 믿음이 자랄 수 없기 때문이다. 나이가 젊었든 늙었든 하나님의 말씀을 가까이 하지 않으면 믿음을 끝까지 유지할 수 없다.

따라서 성경공부를 통하여 노인들이 오직 천국에 대한 소망을 갖고 살게 해야 한다. 노인들의 양육 사역에 노인사역자만큼 효과적으로 사역할 자가 없다.

_ 주일예배 대표기도

주일예배의 대표기도를 하려면 평신도사역자 훈련 과정을 마치고 평신도사역자 임명을 받아야 한다. 평신도사역자 임명을 받은 분들 중에 처음으로 주일예배 대표기도를 한 분은 금년 72세의 이점순 집사님이다. 세 분 중 두 분은 평신도사역자로 임명을 받았지만 대표기도는 고사하기 때문에 아직은 하고 있지 않다. 하지만 머지않아 그분들도 하실 것이다. 다음은 그분이 주일 예배 시 기도한 내용을 그대로 옮겨 적은 내용이다.

"우리를 사랑하시는 전능하신 하나님! 입을 열어 찬송하게 하시고 기도하게 하시니 감사드립니다. 그렇게도 좋은 말씀을 많이 듣고 수없는 날을 기도했지만 가장 가까운 사람에게 덕을 세우지 못하고 다른 사람들의 걱정거리로 살아왔음을 긍휼히 여기사 용서하여 주옵소서. 자신을 이기게 하여 주시고 나를 통하여 예수의 이름이 높여지고 나로 인하여 다른 사람들이 새 힘을 얻는 일들이 일어나게 하여 주시옵소서. 무엇보다

이론가가 되지 않고 한 가지라도 실천하는 행동적인 신앙인이 되게 하여주옵소서. '우리가하나되는교회' 담임목사이신 안창천 목사님에게 성령의 충만을 주시고 기름 부으시고 강건함을 주시옵소서. 우리 모두가 성령으로 충만하게 하시고 부정적이고 비판적인 말을 하지 말고 긍정적인 말, 격려하는 말을 하게 하옵소서. 식사 준비로 수고하는 분들과 피아노 반주와 찬양과 이모저모로 봉사하시는 분들께 은혜를 충만히 내려주옵소서. 예수님의 이름으로 기도 드리옵나이다. 아멘."

이 기도문은 본인이 직접 적어서 기도한 내용이다. 기도는 하나님이 들으시고 그분이 평가하실 일이지만 표현된 글로 볼 때에 훌륭한 기도문이라고 하지 않을 수 없다. 누가 이 기도문을 72세나 되신 할머니의 기도문, 그것도 예수를 영접한 지 1년이 갓 넘은 분의 기도문이라고 할 수 있겠는가?

_ 새벽예배 인도

원칙적으로 새벽예배 인도는 목회자의 몫이다. 그러나 개척 교회뿐만 아니라 오래 된 교회라 할지라도 부교역자가 없는 교회에서 불가불 목회자가 강단을 비우는 일이 종종 생기게 마련이다.

이런 때에 어떻게 하는 것이 좋을까? 은퇴를 했거나 잠시 목회를 쉬고 있는 목회자에게 맡길 수도 있겠지만 꼭 그렇게 할 필요는 없다고 본다.

이럴 경우에는 평신도사역자에게 설교할 기회를 주는 것도 좋다고 생각한다. 우리 교회는 평신도 사역형 교회를 꿈꾸고 있기 때문에 담임 목사가 강단을 비울 경우는 평신도 사역자들이 설교를 한다. 평신도라 할지라도 유능한 사람은 목회자를 능가할 정도로 설교를 잘 한다.

지난 2006년 2월이었다.

나는 전국 목회자 세미나 일로 갑자기 인천에 갈 일이 생겨 새벽예배를 인도할 수 없을 것 같아 노인사역자 중 한

분에게 새벽예배 설교를 맡기고 떠났다.

그런데 일을 마치고 와보니 새벽 5시경이 되었다. 피곤해서 그냥 자려고 하다가 목회자의 양심상 교회로 발길을 돌렸다.

교회에 목사가 나타나자, 새벽예배 설교를 맡으셨던 홍주화 집사님이 크게 안도의 숨을 내쉬는 것이었다. 그렇지만 그분의 설교를 듣고 은혜도 받고, 또 어떻게 설교를 하는지 보고 싶어서 새벽예배를 인도하라고 했다.

결과는 상상을 초월했다. 우리 교회는 새벽예배의 본문을 성서유니온에서 나오는 '매일성경' 과 동일하게 맞춰서 인도한다. 순서를 진행하는 데에 당황함이 없었고, 내용 전달에도 전혀 나무랄 데가 없었다.

모든 설교를 목회자가 해야 한다는 고정 관념은 이제 깨어져야 한다. 평신도가 강단에 선다고 해서 교회가 어찌되는 것은 하나도 없다. 평신도도 얼마든지 설교를 할 수 있다.

초대 교회의 빌립과 스데반을 보라. 그들은 집사였음에도 불구하고 청중들 앞에서 훌륭하게 말씀을 증거했고, 그 말씀을 듣고 수많은 사람들이 그리스도께로 돌아왔다.

나는 기회가 있을 때마다 평신도 사역자들에게 설교할 기회를 주어 그들로 하여금 다양한 사역 경험을 쌓게 하려고 노력하고 있다.

_ 중보기도회 인도

우리 교회는 주일 낮예배를 오전 11시 30분에 드린다. 주일 낮예배를 위해 11시에 모여 20분까지 매 주일 중보기도를 드린다. 우리 교단(예장 합동)에서는 '중보기도' 라는 단어의 사용을 금하고 있다. 그러기에 이 단어를 사용하는데 다소 부담이 있지만, 한국 교회가 이 단어를 일반적으로 사용하고 있기 때문에 그대로 사용한다. 다음은 우리 교회의 주일 낮예배를 위한 중보기도 제목이다.

1. 예배 위에 성령의 강력한 임재가 있게 하소서
2. 주께서 예배를 흠향하시고 작정하신 은혜를 베풀어 주시옵소서
3. 말씀을 증거하는 목사님에게 성령의 기름을 부으시고 준비하신 것보다 더 말씀을 잘 증거하게 하옵소서
4. 말씀을 들을 때에 집중치 못하게 하는 악한 영이 물러가게 하소서

5. 성도들이 말씀을 통하여 주님을 만남으로 모든 문제가 해결받게 하소서
6. 성도들이 매주일 예배를 사모하고 말씀을 기대하게 하소서.
7. 찬양사역 위에 기름을 부으셔서 찬양으로 주님을 만나게 하소서

이 기도제목은 담임목사가 정했지만 노인사역자들은 이 기도제목대로 응답되기를 간절히 기도한다. 젊은 성도들은 시간에 쫓기기 때문에 중보기도회를 인도하라고 맡겨도 제대로 하지 못한다. 주일예배 시간조차 맞추지 못하고 늦게 와서 허둥대기 일쑤이다.

그러나 노인사역자들은 온전히 순종한다. 그분들은 주일예배를 시작하기 30~40분 전에 와서 미리 기도로 준비한다.

교회에 일찍 와도 중보기도를 하지 않으면 옆 사람과 잡담을 한다든지 기타 다른 일로 분주하여 예배를 준비하지 못한다. 그래서 하나님께서 예배를 통하여 작정하신 은혜

를 온전히 받지 못한다. 그러나 예배 공동체를 위하여 중보기도를 하면 기도하는 자기 자신이 은혜를 받을 뿐만 아니라 교회 공동체 위에 큰 은혜가 임한다. 결코 중보기도의 능력을 평가절하해서는 안 된다.

미국의 유명한 방송 설교가 지미 스와갓 목사가 한때 스캔들로 세상을 떠들썩하게 한 적이 있었다. 지미 스와갓 목사에게 버틴이라는 선교사 친구가 있었는데, 스와갓 목사가 그 사건으로 비난을 받자 버틴 선교사가 말했다.

"지미 스와갓 목사가 저렇게 된 것은 나 때문이야. 내가 중보해주지 못해서 이렇게 되었어. 그 자리는 혼자 기도로 버틸 수 있는 자리가 아닌데… 내가 기도하지 않았기 때문이야."

그렇다. 주일 낮예배의 설교를 목사 한 사람에게만 맡겨서는 안 된다. 성도들이 중보기도로 예배를 도와야 한다.

_특별기도회의 주인공

우리 교회는 개척하면서부터 두 달에 한 번은 '21일간 특별 기도회' 를 한다. 기도회를 21일간으로 정한 것은 다니엘이 기도한 지 21일이 지나 기도 응답을 받은 것에 기인한다.

> "그가 내게 이르되 다니엘아 두려워하지 말라 네가 깨달으려 하여 네 하나님 앞에 스스로 겸비케 하기로 결심하던 첫날부터 네 말이 들으신바 되었으므로 내가 네 말로 인하여 왔느니라. 그런데 바사 국군이 이십 일일 동안 나를 막았으므로 내가 거기 바사국 왕들과 함께 머물러 있더니 군장 중 하나 미가엘이 와서 나를 도와주므로 이제 내가 말일에 네 백성의 당할 일을 네게 깨닫게 하러 왔노라 대저 이 이상은 오래후의 일이니라"(단 10:12-14).

이 말은 다니엘이 기도하자 하나님께서 그 기도를 들으시고 응답하려고 하셨지만 사탄이 방해를 해서 21일이 되어서야 응답이 왔다는 말이다. 이 21일은 기도 응답을 받는 날을 상징한다. 우리가 '21일간 특별 기도회' 를 할 때마다 성령께서 역사하셔서 기적을 베풀어 주셨다.

특별 기도회를 하던 중 어떤 집사님은 안수를 받고 뇌의 물혹을 고침 받기도 하고, 어떤 분은 방언의 은사를 받기도 하고, 어떤 분은 남편이 주님께 돌아오도록 7년간을 했는데 그 기도가 응답을 받기도 하고, 어떤 분은 교회에 나오는 것을 반대하던 남편이 나가도록 허락하기도 했다. 또 직장을 잃고 취직을 위해 간절히 기도하던 자매가 다시 직장을 얻게 되는 역사가 일어나기도 했다.

그런데 뭐니 뭐니 해도 이 '21일간 특별기도회'의 주인공들은 다름 아닌 노인사역자들이다. 그분들은 기도회를 할 때마다 빠지지 않고 참석하여 기도의 열기를 뜨겁게 할 뿐만 아니라 기도의 응답을 통하여 하나님께 영광을 돌리고 있다.

10

섬김과 나눔의 삶

"노인사역자들은 물불을 가리지 않고
주님께 충성하고 있다.
교회 청소와 주방 봉사는 기본이고
교회의 온갖 궂은 일도 그분들의 몫이다.
노인사역자들에게는 헝그리 정신이 살아있다."

10

_ 교회 청소

일반적으로 개척 교회에서의 청소는 온전히 목회자의 몫이다. 나는 총각 집사 시절, 은평구 갈현동에 있는 신성교회에 다녔었다. 그런데 토요일 오후 교회에 가면 늘 담임목사님이 청소를 하고 계셨던 것이 생각난다.

목회자가 교회의 청소를 하는 것은 어제 오늘의 일이 아니다. 지금도 개척 교회 목사는 청소에서 자유로울 수가 없다. 나도 개척하여 몇 개월 동안은 거의 혼자서 청소를 했었다. 청소를 하면서 순간 순간 찾아오는 시험을 말씀으로 이겼다.

"주의 궁정에서 한 날이 다른 곳에서 천 날보다
나은즉 악인의 장막에 거함보다
내 하나님 문지기로 있는 것이 좋사오니"(시 84:10).

그러나 이제는 그런 시험을 당할 기회가 사라졌다. 왜냐하면 제1기 평신도사역자 훈련을 받은 노인사역자들에게 그 일을 빼앗겼기 때문이다. 그분들은 토요일 오후 2시가 되면 어김없이 교회에 나와서 청소를 하신다. 청소를 하되 억지로 하는 것이 아니다. 기쁨이 충만한 상태에서 찬송을 불러가며 하신다. 거의 한 시간 반에서 두 시간에 걸쳐서 청소를 마치게 되면 한쪽 식탁에 둘러 앉아 차를 마시면서 이런 저런 이야기를 나누신다.

맨 처음에는 그분들이 청소를 하겠다고 했을 때 만류를 했다. 그러나 주님께서 그분들의 노년의 헌신을 기쁘게 받으신다는 마음이 들어 맡겼다. 사실 그분들이 나이가 좀 더 드시면 교회에 봉사하고 싶어도 건강이 허락지 않아 하실 수 없을 것이다. 주님께 봉사하는 것도 건강할 때, 그리고 힘이 있을 때만 할 수 있다.

_주방 봉사

거의 모든 교회가 주일예배가 끝나면 공동으로 식사를 한다. 주일에 교회에서 식사하지 않는 경우에는 거의 문제가 되지 않겠지만 식사를 할 경우에는 시험에 들 확률이 매우 높은 분야가 주방 봉사이다. 주방 봉사 시 문제가 되는 것은 거의 모든 사람들이 주방 봉사를 하지 않으려고 한다는 데에 있다. 즉 성도들이 봉사를 해도 사람들에게 얼굴을 드러내는 일을 하기 좋아하지, 뒤에서 고생만 하는 일은 하지 않으려고 한다.

그런데 우리 교회는 사람들이 싫어하는 주방 봉사를 노인사역자들이 자원해서 하고 있다. 노인사역자들은 주방 봉사를 무거운 짐으로 생각하지 않는다. 교회 청소와 주방 봉사를 영광으로 생각한다. 특별히 이분들은 주방 봉사시 들어가는 모든 비용을 각자가 부담하고 있다. 일반적으로 교회의 재정으로 주방 봉사를 하지만 이분들은 개인 돈으로 봉사하고 있다.

그분들이 이렇게 봉사하는 데에는 그럴만한 이유가 있다. 그것은 주방 봉사를 하고 싶어도 하지 못할 때가 있다는 것을 알고 있기 때문이다. 사실 그분들이 더 늙고 교회가 조금만 더 커지면 그분들이 하고 싶어도 할 수 없을 것이다.

모든 봉사는 기회가 있을 때에 열심히 해야 한다. 봉사를 하되 이름도 없이 빛도 없이 해야 한다. 베드로 사도는 우리에게 이렇게 봉사할 것을 권면하고 있다.

"서로 대접하기를 원망 없이하고 각각 은사를 받은대로 하나님의 각양 은혜를 맡은 선한 청지기 같이 서로 봉사하라. 만일 누가 말하려면 하나님의 말씀을 하는 것 같이 하고 누가 봉사하려면 하나님의 공급하시는 힘으로 하는 것 같이 하라. 이는 범사에 예수 그리스도로 말미암아 하나님이 영광을 받으시게 하려 함이니 그에게 영광과 권능이 세세에 무궁토록 있느니라. 아멘"(벧전 4:9-11).

_무료 영어 공부방 도우미

지역 사회를 어떻게 하면 섬길 수 있을 지를 고민하던 중 무료 영어공부방을 운영하기로 결정했다. 일주일에 두 번 수업을 하는데 화요일에는 저녁 7시 45분에, 토요일에는 11시(학교에 가지 않는 날)와 오후 1시(학교에 가는 날)에 각각 1시간씩 한다. 강의는 구민성 자매가 하는데 이 자매는 해외에서 1년간 영어 연수 과정을 마치고 현재 영어 학원 강사로 재직 중이다.

그런데 영어 공부방을 운영하기 위해서는 도우미가 꼭 필요하다. 교회의 문을 열고 닫고 강의를 준비하고 아이들 간식을 준비해야 한다.

그런데 그 일을 노인사역자 중에 한 사람인 홍주화 집사님이 감당하고 있다. 그분은 강의 시간 30분 전에 미리 나와서 준비를 하신다. 그리고 자비로 늘 아이들의 간식을 준비한다. 매번 간식을 준비하는데 꽤 많은 돈이 들지만 그 일을 기쁨으로 감당하고 있다. 사실 개척 교회에서 모든 일이 목사의 몫이기 때문에 누군가가 돕지 아니하면 목사 혼자서 동분서주해야 한다.

그러나 노인사역자들이 짐을 나눠지기 때문에 훨씬 목회가 자유롭고 힘이 덜 든다. 사실 모든 성도가 무료 공부방 도우미가 되어야 하지만 주부는 가족의 식사 문제를 챙겨야 할 뿐만 아니라 남편의 눈치를 봐야 하고, 또 직장인은 출퇴근 시간이 일정치 않아 지속적으로 도우미 역할을 할 수 없다.

그렇지만 노인은 상대적으로 가사나 직장에 매이지 않아 시간적인 여유가 있기 때문에 마음만 먹으면 얼마든지 도우미 역할을 할 수 있다.

_ 바자회 주관

평소 바자회를 하고 싶었지만 개척한 지 얼마 되지 않아 바자회를 개최할 엄두를 내지 못하고 있었다. 그런데 얼마 전에 우리 교회에 등록하신 분 가운데 강희옥 집사님의 도움으로 바자회를 하게 되었다. 강 집사님이 남대문 시장 건너편인 회현동에서 수십 년간 살았기 때문에 남대문 상가에서 장사하는 분들과 친분이 두터워 많은 물건을 기증받을 수 있었다.

문제는 누가 물건을 파느냐는 것이었다. 그 일을 모두 노인사역자들이 감당하였다. 다른 교우들은 직장, 사업, 가사 일에 매여서 전적으로 바자회 행사에 참여할 수 없었지만 노인사역자들은 상대적으로 시간적인 여유가 있어 기증받은 물건을 파는 일에 적극적으로 참여할 수 있었다.

노인사역자들이 바자회에 주도적인 역할을 하는 것을 곁에서 지켜보던 강희옥 집사님이 말하였다.

"저쪽 교회에서는 바자회를 위해 물건을 기증받는 일

도, 파는 일도 나 혼자의 몫이었는데 이 교회는 개척 교회이지만 노인사역자들이 있어서 너무 좋네요."

그 교회는 설립한 지 50년이 넘었고 성도들도 500명이 넘는 중형 교회이다. 그러함에도 불구하고 개척한 지 얼마 안 된 교회가 그 교회보다 일할 사람이 많다는 말을 듣는 이유는 노인들을 사역자로 훈련을 시켰기 때문이다.

오전 9시 반에 나와 물건을 꺼내놓고 저녁 6시가 되면 물건을 다시 거둬들이기를 반복하면서 7일간 바자회를 했다. 바자회가 끝난 후 몸살을 앓을 정도로 정말 열심과 지성으로 봉사하였다. 바자회가 끝나고 100만원을 수익금으로 교회에 헌금했다. 개척 교회에서 100만원은 큰 돈이다. 무엇보다 그 헌금이 노인사역자들의 헌신으로 나왔기 때문에 더욱 값진 것이다. 교회의 일이라면 물불을 가리지 않고 전천후로 수고하는 사역자들로 인하여 소망이 넘친다.

_ 교회의 필요를 채움

교회는 이상하게 계속 돈이 들어갈 일이 생긴다. 어려운 신학생을 돕는다든지, 가난한 사람을 구제한다든지, 교회의 필요한 물건을 구입한다든지 등등 돈이 들어갈 곳이 얼마나 많은지 모른다.

우리 교회는 개척한 지 얼마 되지 않아 돈이 들어갈 곳이 더 많다. 그런데 돈 쓸 일이 생기면 주로 노인사역자들의 자발적인 헌금에 의하여 채워짐을 받는다.

작년에는 교회의 문을 길가 쪽으로 내기 위해 2백만 원이 필요했는데 그 경비의 절반 이상을 노인사역자들이 부담했다. 또 얼마 전에는 성경공부 교재를 출판하는 일로 260만원이 필요했는데 그 출판 비용의 거의 절반도 노인사역자들이 해결하였다. 이 일만이 아니라 교회에 특별한 돈이 필요한 경우 노인사역자들이 앞장서서 해결을 하고 있다.

사실 젊은 사람들은 돈을 벌어도 자녀 교육비 혹은 집 장만을 위한 지출이 많아 모두 버겁게 살고 있다. 그러나 노인사역자들은 수입이 적어도 주로 자신만을 위해 사용하기 때문에 자신의 쓸 것을 절약하면 물질로 주님께 봉사하는 일이 더 용이하다. 우리 교회 노인사역자들은 주님을 너무 사랑하는 나머지 그분께 조금이라도 더 바치고 싶어서 안달이다.

홍주화 집사님은 전기료를 절약해가며 분에 넘치는 헌금생활을 하고 있고, 이점순 집사님은 자기 자녀들의 손길을 통하여 한 달에 30만 원 이상 십일조를 할 수 있게 해달라고 기도하고 있고, 박인숙 집사님은 75억이 넘게 소요되는 '우리하나복지센터'를 자신이 건립할 수 있게 해달라고 간절히 기도하고 있다.

_ 현장사역에 강한 노인사역자들

노인사역자들이 목사 앞에서 훈련을 받을 때에는 제대로 대답을 하지 못한다. 그래서 훈련을 받을 때마다 나이어린 목사에게 호되게 야단을 맞는다. 그때마다 그분들은 이렇게 변명한다.

"목사님, 나가면 잘 하는데 이상하게 목사님이 물어보시면 하나도 생각나지 않아요."

평소에 잘하는 것도 더 잘하는 사람 앞에 서게 되면 주눅이 들어 잘못할 수가 있다. 그런데 노인사역자들이 현장에 나가 기대 밖의 사역을 하는 것은 성령께서 그들과 함께 하시기 때문이다. 성령님은 '현장으로 가라' 는 말씀에 순종하여 나가서 사역하는 자들과 함께 하신다.

> "제자들이 나가 두루 전파할새 주께서 함께 역사하사 그 따르는 표적으로 말씀을 확실히 증거하시니라"(막 16:20).

'가라' 는 말씀에 순종하여 현장으로 나가면 성령께서 함께 하셔서 각종 기적이 일어나게 되는 것이다.

11
소망과 감동의 글

"노인사역자들의 신앙생활은 감동 그 자체이다.

뜨거운 신앙심과 헌신적인 봉사는 날마다 주의 종을

감동시킨다. 노인사역자들의 발자국을 따라갈 때마다

설레임과 감격과 기쁨이 차고 넘친다.

그리고 그것은 한 편의 이야기가 된다."

11

_ 위로해 주시는 주님

'우리가하나되는교회' 가 설립되고 제일 먼저 우리 교회에 등록하신 분은 전창덕, 송경여 집사님이다. 또 예수를 믿지 않던 분으로서 처음 등록하신 분은 이점순 성도님이다. 이점순 성도님은 우리 교회에 등록하시기 전부터 새벽 예배에 나오기를 시작하셨다.

등록하신 후에는 한 번도 빠지지 않고 주일 낮예배 뿐만 아니라 주일 오후예배, 수요 저녁예배, 금요 저녁기도회, 새벽기도회까지 출석하고 계신다. 초신자가 이렇게 열심히 신앙생활을 하는 것은 정말 보기 드문 일이다.

이점순 성도님을 바라보면 소망이 넘치고 우리 교회의

미래가 보이는 것 같아 마음이 흐뭇하다. 하나님께서도 그 분을 보시면서 기뻐하실 것임에 틀림이 없다.

지난 화요일 저녁이었다.

저녁 식사 후 교회에서 새벽예배 설교를 준비하고 있었는데, 낯선 핸드폰번호로 전화가 걸려왔다. 바로 이점순 성도님이었다.

"사모님이 몸이 좀 편치 않다면서요? 집을 찾아 가려는데, 집이 어디세요?"

순간 주객이 전도된 기분이 들었다. 심방을 하기만 하던 목사가 심방을 받는 입장이 되니 기분이 야릇했다. 그것도 예수 믿은 지 이제 갓 두 달이 지난 분의 심방을 받는다니 말이다. 결국 그 시간 아내가 예진이 배웅을 나간 바람에 집을 방문하지는 못하고 교회로 오셨었는데, 정말 뜻밖의 전화를 받고 진한 감동을 느끼지 않을 수 없었다.

어린아이가 자기 자신만 알듯이 초신자는 남을 돌아볼 여유가 없다. 그럼에도 불구하고 이점순 성도님은 벌써 성숙한 그리스도인이 되어 사택을 심방하셨던 것이다. 앞으로 평신도사역자 훈련을 받고 이 지역의 영혼들을 위하여 크게 쓰임 받게 될 것을 의심치 않는다.

_ 인도와 응답을 받는 삶

지난 주에는 김진한 성도와 박인숙 집사의 집중양육과 이점순 성도와 홍주화 성도의 핵심13주 제자훈련 과정의 제3훈련마당을 실시했다. 한가족 만들기 집중양육을 통하여 두 분이 확실히 구원의 확신을 갖고 있는 것을 보고 기뻤고, 70세의 고령임에도 불구하고 핵심13주 제자훈련 과정을 어느 누구보다 잘 감당하는 모습에 큰 감동을 받고 있다.

특별히 핵심13주 제자훈련 시간에 깜짝 놀랄만한 일이 발생했다. 한가족 만들기반과 핵심13주 제자훈련반에게 성경 순서를 적어드리면서 시간이 나는 대로 암송을 하라고 숙제를 냈다.

그런데 이점순 성도님이 몇 일 만에 신구약 성경순서를 모두 암송 했다는 것이다. 사실 성경순서를 암송하라고 했지만 그렇게 빨리 암송할 줄은 몰랐다. 왜냐하면 성경 암송표가 성경의 약어만을 합성해서 만들었기 때문에 문장도 아니고 의미가 있는 단어도 아니기 때문에 암송하는 일이 쉬

운 것이 아니기 때문이다(신구약 성경순서: 창출레민신수삿룻삼왕대스느에욥시잠전아사렘애겔단호욜암옵욘미나합습학슥말-구약성경 | 마막눅요행롬고갈엡빌골살딤딛몬히약벧요유계-신약성경).

내가 어떻게 암송을 그렇게 빨리 할 수 있었느냐고 물었더니, 이점순 성도가 이렇게 대답을 하는 것이었다.

"하나님, 저 이점순입니다. 제가 평신도 사역훈련을 받는데 성경암송을 해야 합니다. 제가 잘 암송할 수 있도록 지혜를 주세요."

이점순 성도님은 하나님께서 응답하신다는 것을 믿고 기도하셨고, 하나님은 그 순진한 기도에 즉각 응답해 주셨던 것이다.

지난번에도 인천에 살고 있는 따님 집에 가실 때에 손자가 학교에서 오기 전까지 도착해야 했었다. 초행길이라 서투르고 그 시간에 도착하지 못할 것 같아 하나님께 기도를 드렸더니 손자가 집에 오기 전까지 도착할 수 있었다고 간증을 했다.

신앙생활은 이처럼 기도의 응답을 받고, 주님의 인도를 받으며 사는 삶이다. 예수님을 믿지만 기도의 응답도 받지 못하고 주님의 인도도 받지 못하는 것은 예수를 형식적으로 믿는다는 증거이다.

“주여! 모든 성도들이 기도의 응답과 주님의 인도로 살아가게 하소서.”

_ 목사님 왕노릇 하셔야죠?

몇일 전 새벽예배를 드리기 10분 전이었다. 이점순 성도님과 홍주화 성도님이 아무개 집사님이 곧 일터를 서초동으로 옮길 것이라고 하였다.

한 달에 180만원이나 받을 것이라는 말이 내 귀에 들려왔다.

나도 그 대화에 슬쩍 끼어들었다.

"나도 애나 보아야겠네!"

이 말을 들은 이점순 성도님이 말했다.

"목사님! 애를 본다는 말씀이 무슨 말씀이세요? 천국에 가셔서 왕노릇을 해야지요. 그런 말씀은 꿈에라도 하시면 안 됩니다."

그 말을 듣는 순간 한방 얻어맞은 기분이었다. 지나가는 빈말이라도 목사가 은혜가 되는 믿음의 말을 해야 하는데 덕스러운 말을 하지 못했기 때문이다.

나는 한편으로 얼마나 기분이 좋았는지 모른다. 왜냐하

면 이토록 대단한 믿음을 가진 성도를 섬기는 은혜를 하나님께서 허락하셨기 때문이다. 이점순 성도님의 말을 통하여 그분의 신앙이 어떤지를 알 수 있다.

첫째로, 사후의 세계가 있고, 죽은 다음에는 심판이 있다는 사실을 믿는다는 것이다.

둘째로, 장차 천국에서 상을 받기 위해서 지금 어떻게 살아야 할지를 분명히 알고 있다는 것이다. 즉 이 세상보다 저 세상에 더 무게중심을 두는 삶을 살고 있다는 말이다. 요즈음에 이런 신앙을 가진 사람을 찾아보기란 하늘의 별따기이다.

그런데 이제 예수를 믿은 지 1년도 안 된 분이 이토록 차원 높은 신앙을 소유하고 있으니 얼마나 대단한 일인가?

부모는 자식이 쑥쑥 자라는 것을 볼 때에 모든 피곤을 잊게 된다. 마찬가지로 목사는 성도들의 믿음이 나날이 자라는 것을 볼 때에 큰 보람을 느끼고 목회의 어려움도 넉넉히 이길 수 있게 된다. 비록 지하에서 작은 교회를 섬기고 있지만 수천 수만 명을 목양하는 대형교회 목회자가 부럽지 않다.

그러나 이런 즐거움은 모든 목회자가 누리는 것이 아니다. 성도들을 그리스도의 제자로 만드는 평신도사역형 교회에서나 가능한 것이다.

"주여! 부족한 종에게 이런 기쁨을 주신 것을 감사드립니다. 더욱 더 믿음의 사람들이 많아지게 하소서."

_ 키덜트(Kidult)

21일 심야기도회가 진행 중이다. 이번 기도회는 예전과는 좀 다른 양상을 보이고 있다. 전혀 예상치 못한 사람들이 기도회에 참석하고 있고, 또 기도하는 사람들이 점점 늘어가고 있다는 것이다. 기도회에 참석하는 사람 중에 영락교회에 다니는 장영실 성도라는 분이 있다. 측우기, 자격루 등을 발명한 조선 전기 과학자와 이름이 같아 쉽게 기억할 수 있다.

그분이 기도회에 참석하게 된 동기는 홍주화 성도님이 길에서 만나 전도하면서 이루어졌다. 그분은 올해 65세가 넘었고 몸에 장애를 가진 분이다. 그분은 자신을 '키덜트'라고 소개했다.

키덜트(Kidult)란 키드(kid: 아이)와 어덜트(adult: 어른)의 합성어로서, 20~30대의 어른이 되었음에도 불구하고 여전히 어린이의 분위기와 감성을 가지고 추구하는 성인들을 일컫는 말이다.

한때 이들은 책임감이 없고 보호받기만을 바라는 '피

터팬 증후군' 이라는 말로 표현되기도 하였다. 그러나 지금은 각박한 현대인의 생활 속에서 마음 한구석에 어린이의 심상을 유지하는 사람들이라는 긍정적인 이미지를 가지고 있다.

그분은 말 그대로 키덜트처럼 인생을 살고 계신다. 야밤에 홍대를 거닐고 밤새도록 책을 읽고 TV를 시청하다가 새벽 4~5시나 잠자리에 드는 젊은 세대의 삶을 누리고 계신다. 뮤지컬에도 관심이 많아 우리 교회의 찬양사역자인 김선영 자매도 잘 알고 계셨다.

그분이 던진 말 중 내 가슴을 뜨겁게 한 말이 있다.

"늙어도 혼자서 행복하게 사는 방법을 다른 사람들에게 알려주고 싶다."

사실 그분이 예수를 믿기 때문에 정말 행복한 사람이지만 세상적으로 볼 때는 행복할 만한 조건을 가지신 분이 아니다. 행복은 누군가가 주는 것이 아니다. 스스로 만들어가는 것이다.

"주여! 온 성도들이 행복을 만드는 자로 살게 하소서."

_ 아름답게 신앙생활을 하는 자들

요즈음 나는 갓 태어난 성도들의 아름다운 신앙생활로 깊은 행복감에 젖어있다. 지난 주일 이점순 성도님이 오전 9시도 안 되어 교회에 나왔다.

"무슨 일로 이렇게 빨리 오셨어요?"

"조정란 집사님이 오전 9시부터 시험을 치룬다 해서 중보기도를 하러 왔습니다."

나는 그 말을 듣는 순간 깜짝 놀랐다.

어떻게 예수님을 믿은 지 1년도 되지 않은 성도가 다른 사람을 위해 기도할 생각을 하셨을까?

기도의 내용을 들어보면 그 사람의 영적인 수준을 알 수가 있다. 이점순 성도님이 다른 사람을 위해 기도하는 것을 보니 성숙한 신앙인임에 틀림이 없다.

지난 주일 28일 간의 특별기도회가 끝났는데 마지막 날 저녁에 '은혜의 골짜기'를 통하여 두 사람이 방언의 은사를 받았다.

그 다음날 새벽이었다.

강대상에 감사헌금 봉투가 올라와 있었다. 한 봉투는 방언을 받은 박인숙 집사님이 드린 것이고, 다른 하나는 홍주화 성도님이 드린 것이다. 홍주화 성도님(71세)은 지난번에 방언의 은사를 받았고, 이번에는 다른 은사를 받지 않았다. 그런데도 그분이 다른 성도가 방언을 받았다고 하여 기뻐서 감사 헌금을 드린 것은 "즐거워하는 자들과 함께 즐거워하라"는 로마서 12장 15절 말씀을 실천한 성숙한 신앙인의 모습이다. 헌금 액수도 그분의 형편을 볼 때 매우 큰 금액이었다. 새신자들이 이토록 아름답게 신앙생활을 하는 것을 보니 너무 기쁘고 우리 교회를 섬기는 것이 새삼 자랑스럽게 느껴진다.

"주여! 아름답게 신앙 생활하는 성도들로 교회를 가득히 채우소서."

_ 상대적인 나이를 바꾸자

화요일 세미나를 마치고 교회에 돌아왔는데, 현관 앞 탁자 위에 “새벽기도 가는 길”이라는 제목의 시 한 편이 놓여 있었다.

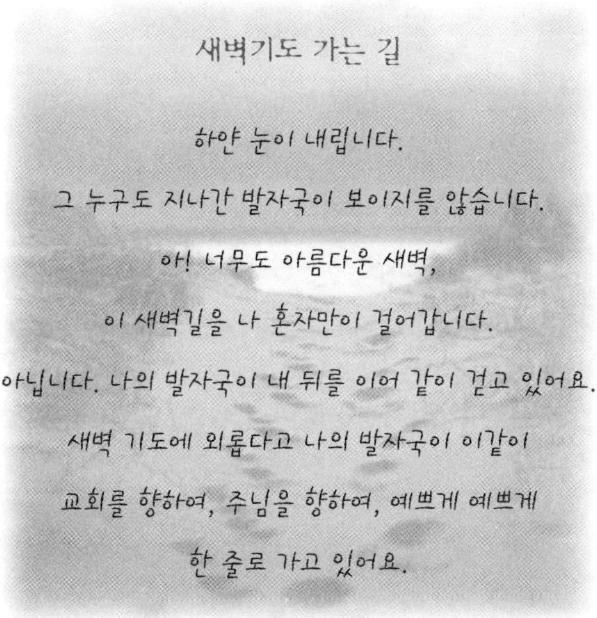

시 제목만 있고, 작자의 이름이 없었다. 하지만 글씨체를 보니 홍주화 집사님의 작품임을 알 수 있었다.

그분은 금년 71세이다. 그러함에도 불구하고 눈이 내린 새벽길을 걸으면서 시상이 떠올라 시를 썼다는 것은 비록 몸은 늙었어도 마음만은 아직 젊다는 것을 반증한 것이다.

사람마다 '절대 나이'와 '상대 나이'가 있다. '절대 나이'는 어느 누구도 바꿀 수 없는 것이지만 '상대 나이'는 얼마든지 바꿀 수 있다. 노인이라도 젊게 살 수 있고 젊은이라도 노인처럼 살 수 있다.

어떻게 하면 나이와 상관없이 젊은 인생을 살 수 있을까? 꿈꾸는 인생을 살면 된다. 평신도사역자가 되겠다는 비전을 가지면 누구나 인생을 젊게 살 수 있다. 왜냐하면 살아야 할 이유와 목적이 있기에 마음이 젊어지기 때문이다.

"주여, 교회 안에 마음이 젊은 자들로 가득하게 하소서."

_꿈꾸는 인생은 아름답다

"일제 강점기에 충남 공주시 계룡산 밑자락의 산골 마을에서 초등학교를 졸업한 양금직씨가 다시 학업의 길을 걷겠다며 검정고시 문을 두드린 것은 58세 때인 지난 1991년이다. 고입 · 고졸 검정고시에 연이어 합격한 양씨는 63세 되던 해에 협성대 신학과에 성적 장학생으로 입학했다.

양 할머니는 67세 되던 2000년에는 서울 감리교신학대 신학대학원에 다시 장학생으로 들어갔다. 2002년 신학대학원 석사학위를 취득한 양씨는 2003년 가을 강원대 대학원 국어국문학과에 진학한 뒤 지난해 12월 석사학위 논문을 통과했다. 4.5만점에 평점 4.19점를 받을 만큼 우수했다.

배움에 대한 양 할머니의 열정은 여기서 끝나지 않았다. 다음 달 박사과정에 진학한다. 유방암 수술 후유증으로 지금도 고생한다. "어린시절 공부를 못했던 것이 한으로 남아 시작한 공부인 만큼 갈 수 있는 데까지 가

보겠다"며 "박사과정을 밟으면서 자전적 수필을 발간하고 싶다"는 소망을 내비쳤다."

(국민일보 2월 22일 25면)

나는 이 글을 읽는 순간 우리 교회의 70세가 넘는 성도님들을 떠올렸다. 70세의 고령에도 힘든 훈련과정을 마치고 평신도사역자가 되어 주님께 쓰임을 받기 위해 몸부림을 치는 이점순 집사님과 홍주화 집사님이 생각났다.

양금직 할머니도 훌륭한 분이시지만 이 집사님과 홍 집사님은 더욱 더 훌륭하다. 왜냐하면 양 할머니는 못 배운 한으로 자기 자신을 위해 세상 박사가 되겠다는 꿈을 가지고 살고 있지만, 두 분은 다른 사람을 살리고 영원히 천국에서 왕이 되겠다는 꿈을 가지고 살기 때문이다.

꿈꾸는 인생은 아름답다. 자신도 행복하고 이를 보는 사람도 행복하다.

"주여! 꿈꾸는 성도들로 가득하게 하소서."

12
장영실 성도의 신앙 이야기

"세상에서 아무리 많은 재물과 높은 지위와
명예를 가졌다 하더라도 하나님과 무관하게 살다가
세상을 떠나는 자는 진짜 불행한 자이다.
우리가하나되는교회에는
하나님과 가장 가까운 관계인 자녀로 살아가는
진짜 행복한 자들로 가득 차 있다."

12

_ 하나님이 함께 하신 나의 인생

장영실 성도님이 우리 교회 앞을 지날 때마다 우리 교회를 바라보면서 이런 기도를 드렸다고 한다.

"주님, 저 교회가 빨리 부흥하여 그 자리에 교회를 크게 지을 수 있게 해 주세요."

그런데 그분이 우리 교회 노인사역자들의 인도로 우리와 한 식구가 되었다.

우리 교회에 오기 전에는 주일마다 교회는 다니긴 다녔지만 구원의 확신이 전혀 없었다고 한다. 그런데 등록한 지 얼마 되지 않아 구원의 확신을 갖게 되었고, 기쁨이 충만한 신앙생활을 하고 있다.

이분은 척추에 장애가 있을 뿐만 아니라, 기관지가 좋지 않아 평소에 걸음을 제대로 걷지 못하였다. 10미터도 못 가서 땅바닥에 주저 앉을 정도로 심했다.

그런데 나의 장인 되시는 인천 신현교회의 전석도 목사님을 모시고 부흥회를 하는 기간에 치유를 받아 이제는 길을 가다가도 길에 주저앉는 일이 없다.

그분은 올해 66세이지만 노후를 아주 행복하게 살고 있다. 현재 제2기 평신도사역자 훈련을 받고 있는데 단 하루도 감사와 기쁨의 고백 없이는 지나간 적이 없다고 고백하고 있다.

노년기를 행복하게 사는 비결이 무엇인지 장영실 성도님의 이야기를 직접 들어보자. 장영실 성도님이 직접 쓴 글을 소개한다.

나는 일곱 살 때 '척추 카리에스'라는 병으로 어린 시절을 세브란스 병원의 침대에서 보냈다. 미국에까지 가서 고쳐보려 했지만 그 당시에는 고칠 수 없는 병이었다. 결국 3~4개월 밖에 살지 못한다는 판정을 받고 병원을 나오고 말았다.

막대기처럼 쭉 뻗은 몸을 업을 수가 없어 두 팔로 받쳐 들고 다녀야 했다. 병원을 나서며 절규하던 엄마의 말을 나는 지금도 기억한다.

"의사새끼들, 너희가 못 고치면 내가 고칠거다."

울부짖으며 병원 문을 나선 엄마는 용하다는 의사가 있다고 하면 전국 어디든지 다 찾아 다녔고, 대한민국에 존재하는 먹거리는 다 수집하고 다녔다.

6.25가 발발하자 피난을 가야했던 시절에 신기하게도 나는 업을 수 있는 몸의 상태가 되었고, 엄마는 피난길을 나만 등에 업고 뛰었다. 양쪽 목을 통하여 쉬지 않고 피고름이 흘러나오는데, 그렇게 많이 나오는 피고름은 정말 끔찍했다.

다시 또 1.4 후퇴 때 부산에서 경주로 피난을 했고, 9.28 수복이 되어 서울로 올라오는 기차 안에서 나는 기적처럼 설 수 있게 되었다.

"엄마, 나 섰어!"

기쁨에 어쩔 줄 모르고 서울 집으로 돌아온 나는 담벽을 의지하여 걸음마를 연습했다. 정말 열심히 걸음마를 연습하여, 그 다음에는 골목길에 나가 집집마다 담을 잡고 걷는 연습을 계속 하였다. 마침내 나는 걸을 수 있는 몸이 되었다.

걷게 된 나는 "엄마, 학교에 가고 싶어요"라고 해서 날마다 엄마의 가슴을 아프게 해드렸다. 한번은 학교 운동장을 걸어 보고 싶다고 졸랐다. 엄마가 나를 운동장에 데려다가 땅을 밟게 해 주었는데 얼마나 행복했는지 모른다.

그러나 엄마는 곁에서 펑펑 우셨다. 나는 학교 갔다 돌아와 놀아줄 친구들을 기다리며 벽시계만 보고 친구를 기다렸다. 나는 너무나 학교를 가고 싶었다.

그러나 학교 갈 나이에 병원에서 보냈으니 나이는 이미 6학년에 해당됐다. 내가 아는 것이란 한글을 겨우 깨우쳤을 뿐이었다. 한글도 나 혼자 누워서 깨우쳤다. "꼬마 아가씨"란 만화를 몽땅 외운 뒤 한 글자 한 글자 짚어가며 한글을 익혔다. 오빠가 수없이 읽어준 것을 외운 뒤 한 글자 한 글자 쓰기 공부를 하여 읽기 공부를 했다.

나는 초등학교 시절 나이에 우리나라 문학 작품은 거의

다 읽었고 자나깨나 책을 읽어 학교 다니는 아이들보다 아는 게 훨씬 많았다.

초등학교 1학기를 마치고 여름방학이 시작될 무렵이었다. 학교 가고 싶다고 졸라대는 내 성화에 두 손을 든 엄마는 나를 데리고 여러 초등학교를 찾아 다녔다.

그런데 가는 곳마다 퇴자였다. 지금도 퇴자를 맞은 학교 중에 교동초등학교가 생각난다.

교감선생님이 나에게 물으셨다.

“0.8과 3/4중 어느 것이 더 크냐?”

하지만 내가 이것을 알 리가 없었다.

교감선생님은 엄마에게 “0.8과 3/4중 어느 것이 큰지도 모르는 아이를 나이가 들었다고 6학년에 넣어 달라고 하면 어떻게 합니까? 혹 아이가 졸라대더라도 엄마가 알아서 해야지요.”라고 하면서 기가 막히다는 듯이 쫓아내는 것이었다.

엄마와 나는 또 다른 학교를 찾아 다녔지만 받아주는 곳이 없었다.

그러던 중 학교는 군인들이 주둔해 있어서 빼앗기고 아이들은 판자집 같은 건물에서 공부를 하던 수송초등학교라는 곳을 찾아가게 되었다. 여기가 마지막이라고 생각하면서 말이다.

교장선생님이 매우 연세가 많아 보였다. 엄마는 교장선생님을 뵙자마자 무조건 무릎 꿇고 애원을 했다.

"애가 너무 졸라대서 공부를 하게 하려고 수없이 다녀봤지만, 한 군데도 받아주지를 않아서 여기까지 왔습니다. 혹 아이가 공부를 못해서 낙제를 하면 그 때 그만 두더라도 손녀딸이라고 여기시고 책상에만 앉게 해 주세요. 이 아이는 얼마 살지도 못할 애입니다."

그런데 이게 웬일인가? 교장선생님은 꿈과 같은 말을 했다.

"지금이 여름 방학이라 6개월 있으면 시험을 치를 텐데 너무 시일이 짧으니까 5학년이 어때?"

정말, 꿈만 같았다.

엄마와 나는 5학년 교실을 찾아가 담임 선생님을 만났다.

나를 본 선생님이 말했다.

"네 눈을 보니까 뭐든지 할 수 있을 것 같구나. 우리 함께 힘써 보자."라고 말하는 것이 아닌가?

내가 어찌 그 당시의 감격을 잊을 수 있겠는가? 나도 헬렌 켈러처럼 설리번 선생님을 만난 것이다.

나는 학교라는 곳을 이렇게 해서 다니게 되었다. 맨 앞자리에 앉아 선생님의 눈과 입술만 바라보며 공부를 하기 시작했다. 얼마나 행복한 나날이었는지 모른다.

그런데 이렇게 꼭 일주일이 지난 어느 날이었다. 청천벽력 같은 일이 생긴 것이다. 6개월 남은 입시를 위해 담임선생님이 6학년 담임으로 가게 되었다. 그날 집에 돌아와 나는 발버둥을 치며 울었다. 엄마는 밤새 내내 "안돼, 안돼" 하면서 침통한 모습으로 밤을 지샜다.

다음날 나는 수업을 듣는 둥 마는 둥 하면서 학교 마당을 부지런히 뛰어다니는 엄마를 유리창 너머로 내다보았다.

엄마가 갑자기 교실로 뛰어들어왔다.

"영실아, 책가방 싸."

엄마의 손에 이끌려 간 곳은 6학년 교실이었다.

나는 7일 만에 5학년을 마치고 홍혜은 선생님을 따라 6학년이 된 것이었다. 6학년에 들어갔어도 외우는 과목은 문제가 없었다. 하지만 매일 아침 자습 시간에 10문제씩 분수 문제를 푸는 것은 도저히 해낼 수가 없었다.

나는 첫날부터 빵점을 맞았다. 분수가 뭔지도 몰랐던 나는 필기를 해갖고 집에 돌아와 밤을 꼬박 새며 분수를 거꾸로 풀기도 하고 다시 앞으로 풀기도 하면서 연습을 하였다. 이렇게 노력한 결과 통분하는 과정을 혼자서 깨우칠 수 있게 되었다.

아침 자습 점수는 계속 올라갔다. 6년을 꼬박 학교에 다닌 아이들도 풀지 못하는 문제를 혼자 힘으로 척척 풀자 선생님은 나보다 더 기뻐서 어쩔 줄을 몰라했다. 겨우 7일간 함께 공부했던 5학년 친구들이 시간만 있으면 6학년 반으로 찾아왔다. 내가 시험을 몇 점이나 맞았는지 물어보는 것이 일과가 되었다.

초등학교를 우수한 성적으로 졸업하던 날, 홍혜은 선생님은 너무 기뻐서 많이 우셨다. 지금도 선생님이 격려하며 해주신 말씀이 기억난다.

"중학교는 다른 아이들과 같이 출발하는 것이니까 꼭 일등을 해야 한다. 중학교 선생님들이 서운하게 하면 내가 혼내줄 테니 와라."

중학교에 들어간 후 나는 1등 한 성적표를 가지고 제일 먼저 그 선생님을 찾아갔다. 선생님은 충심으로 기뻐해 주셨다. 장애를 가졌지만 나는 선생님들의 총애를 받았고 중고 학창시절을 행복하게 지냈다. 그리고 일류 대학에 들어가겠다는 목표를 세우고 하루 3시간만 자면서 입시 공부를 하여 명문대학에 들어갔다. 대학 1학년 때에는 아는 게 많아서 '장박사'라는 별명도 얻게 되었다.

대학을 졸업한 후 아이들을 가르치는 일로 일생을 보냈다. 학교 선생이 아니라 과외공부 선생을 했는데 가르치는 일이 그렇게 행복한 일인지 몰랐다.

나는 돈을 벌기 위해 아이들을 가르치지 않았기 때문에 돈을 버는 대로 아이들과 추억을 만드는 일에 다 썼다. 아이들과 함께 연극이나 영화 등을 보러가고 여행을 떠나는 등

여가 생활을 즐겼다. 나는 아이들이 평생 살다가 어느 한 순간 나와 함께 한 추억을 떠올리는 것으로 족하다는 생각을 했다.

나이 60이 되자 늙은 선생은 되고 싶지 않다는 생각이 들어 가르치는 일을 그만두고, 열악한 지하 건물에서 생활을 하게 되었다. 그래서 햇볕 비치는 집에서 사는 것이 꿈이 되어버린 독거 노인이 되어버렸다. 2002년에 비가 많이 왔을 때는 밤새 물을 퍼내며 하마터면 죽을 뻔하였다.

회칠한 무덤같은 지하실에서 탈출할 수는 없는 것인가? 집이 많아 세금 내기 벅차다고 넋두리하는 가까운 부자 이웃은 있었지만 방한칸 주려는 부자는 없다는 것을, 또 부자일수록 인색한 게 인간이구나 하는 것을 다 늙어서야 깨닫다니….

실의에 빠져 슬픔의 나날을 보내고 있던 어느 날이었다. 전화벨이 울렸다. 옛날 공부를 가르쳤던 이은유라는 여학생 제자였다. 인사동과 동숭동 등 젊은이들의 거리를 잘 다녔던 나를 기억했던지 "선생님, 홍대앞 구경 가실래요?"

하면서 시작된 통화는 홍대 근처 가까운 상수동의 어디 어디를 가보고 오라는 것이었다.

전철을 타고 가르쳐 준대로 건물을 찾아가 엘리베이터에서 내려 현관 문을 연 나는 깜짝 놀랐다. 내가 꿈에 그리던 나만의 작은 공간, 모든 것이 갖추어져 있어서 몸만 들어오면 되는 오피스텔이었다.

하나님께서 보내주신 보호천사인 제자의 도움으로 나는 애굽(강남)에서 가나안(이곳)으로 옮기게 되었다. 감사의 표시 하나 제대로 못하는 나를 익히 알고 있는 제자가 먼저 나를 위로했다.

"고마워 하지 마세요. 십일조 했을 뿐인데요 뭘. 더 좋은 곳을 드리지 못해 죄송해요. 편히 사세요."

나는 평생 듣지도, 보지도 못한 곳에서 행복한 삶을 누리며 즐거운 나날을 보내고 있다.

그런데 강남의 지하실에서 오랜 동안 생활을 해서 기관지 천식과 협심증 등 여러 질병에 걸렸었다. 2005년 가을엔 몇 발자국 움직이는 것도 힘이 들 만큼 숨이 차서 외출은 커녕 방안에서 움직이는 것도 씩씩거릴 정도로 고통스러웠다.

하루는 너무 한심한 나를 탓하며 길가에 나가 앉아 주위를 둘러보았다. 그런데 그동안 눈에 들어오지 않았던 교회가 하늘에서 뚝 떨어진 듯 눈 앞에 보였다.

'우리가하나되는교회' 였다. 마음에는 가고 싶은 생각이 들면서도 선뜻 용기가 나지 않았다. 그런데 하나님께서 천사를 보내주셔서 그곳에 첫발을 내딛게 되었다. 나는 그곳이 나의 병을 치유해주시기 위해 주님께서 준비하신 곳임을 알게 되었다.

성도님들의 사랑의 중보기도와 목사님의 안수기도, 처음 느끼는 가족처럼 사랑이 넘치는 교회 분위기 속에서 어느 덧 정신적, 육체적 상처가 치유되었다.

지금은 뒤늦게 시작한 주님과의 첫 사랑에 푹 빠져있다. 요즈음 유행하는 "나이는 숫자에 불과하다"는 변명까지 늘어 놓으며 꿀송이보다 더 단 하나님의 말씀을 알아가는 재미에 시간가는 줄 모르게 살아가고 있다.

거듭남의 의미도 몰랐던 현대판 "니고데모"인 이 할머

니는 이제야 배우는 말씀 공부에 하루 하루가 즐겁고 차츰 내 믿음도 자라나는 것 같아 주님이 주시는 참 평안의 의미가 무엇인지를 맛보며 살아가고 있다. 모두가 나의 토라 선생이 되어주고 멘토가 되어주신 안창천 목사님의 덕분이다.

_ 마음껏 자랑하고 싶은 '우리가하나되는교회'

먼저, 12월에도 장미꽃을 피울 수 있는 추억을 주시는 전능하신 하나님께(El-Shaddai) 감사를 드린다. 그리고 앞서거니 뒷서거니 고희 맞은 할머니 성도들에게 새로운 인생의 달리기를 가르쳐 주기 위해 코치로 총대를 메고 나선 주님의 종 안창천 목사님께 하나님의 은총이 넘치시기를 기도드린다.

"지금 오늘 그 자리에서 힘차게 일어나 새로운 인생을 시작해 보세요. 주님이 할 수 있다고 하셨습니다. 땅에 묻어둔 달란트를 꺼내 쓰세요. 하나님께서 주시는 능력은 가방끈이나, 지능지수, 나이 등 모든 것이 전혀 상관이 없습니다. 지금, 당장 시작하는 용기있는 결단만이 필요할 뿐입니다."

이 말이 누구의 말씀이냐구요? 우리 교회의 담임이신 안창천 목사님의 사자후요, 성도중의 한 사람인 저의 신앙고백이다. 폐차로 버려진, 그래서 노령화 사회의 비율만을 높여주고 있는 이름 없는 할머니들의 인생 간이역에 주님을 모르는 것이 안타까워 주님을 손수 모시고 찾아와 준 목사님은 주님을 알게 해주셨고, 주님의 다정한 목소리도 듣게 해주셨다. 그리고 가까이 오신 주님은 "일어나 걸어라. 내가 도우리라."는 약속과 함께 굳고 차가운 할머니들의 손을 하나 하나 일으켜 세워 주셨다.

깜깜한 동굴의 끝을 지나고 있다고 생각하며 살아가던 우리들에게 하늘을 향한 길을 볼 수 있는 터널이 있다는 것을 알게 해주었다. 이제 터널을 빠져나온 할머니들은 더 이상 잠자는 숲 속의 공주가 아니었다. 잠에서 깨어난 할머니들은 목자의 음성을 따라 푸른 초장과 쉴만한 물가에서 행복한 삶을 살고 있다.

옛사람을 벗어버리고 새사람이 되었다. 양육받고 훈련받아 평신도 사역자가 되어 평안의 예비한 복음의 신발 끈을 단단히 매고 말씀의 진리로 허리띠를 동여매고 세상을 향해 달리고 또 달리고 있다. 예쁜 새들 노래하는 아침을 희망과 기쁨으로 맞이하고 노을 비끼는 고운 황혼을 감사와 찬송으로 마감하는 삶을 살고 있다.

그뿐이 아니다. 날마다 목사님이 복음이라는 상표를 달고 나오는 생수를 펌프질해 끌어올리시면 할머니 성도들은 목마른 영혼들에게 믿음, 소망, 사랑의 생수를 실어나르는 '행복 유통업자' 로 열심히 주의 일을 하고 있다. 비록 우리가하나되는교회가 아직은 세상에 알려지지 않았고 불모지에 씨를 뿌리는 가난한 농부에 불과하지만, 그리고 믿음의 벽돌을 한 장 한 장 쌓아가는 미비한 성전임에 틀림 없지만, 하나님을 유일한 힘으로 삼는 우리가하나되는교회 성도들은 아무것도 부러울 것이 없으며 어떤 상황에도 두려움이 없다. 왜냐하면 우리 목사님이 항상 하시는 말씀이 있기 때문이다.

"할 수 있거든이 무슨 말이냐? 구하기만 하라. 하나님이 함께 하시면 무엇이든지 할 수 있다. 하나님은 모든 것을 합력하여 선을 이루신다."

언젠가는 이 믿음의 부르짖음이 다윗의 물맷돌이 되어 승리하는 교회가 될 것이다. 또 "이 땅을 내게 주소서" 라고 아버지의 자녀의 권리로 갈렙처럼 당당하게 구하고 있는 '우리하나복지센터' 의 건립도 반드시 이루어지리라 믿는다.

생각하면 꿈만 같은 '우리가하나되는교회' 와의 만남은 여호와 이레의 하나님께서 오늘 이 글을 쓰고 있는 이 순간까지 준비하시고 계획하신 대로 그 길을 걷고 있을 뿐임을 인정하는 것 외에는 설명하기가 어렵다.

_노년을 행복하게 사는 나만의 방법

오래 전에 신문 칼럼에서 이런 글을 읽은 기억이 있다.

"성공한 삶을 살았다고 말할 수 있는 삶이란 한 명의 진정한 스승과 열 명의 진정한 친구, 그리고 백권의 좋은 책을 기억할 수 있는 것이다."

그 때 나는 숫자를 세어가며 세 가지 조건을 다 갖추고 있다는 자부심에 뿌듯해 했었다.

그런데 어느 날 그것이 성공한 삶은 될 수 있을지 몰라도 진정으로 기쁘고 행복한 삶은 될 수 없다는 것을 깨달았다. 진정으로 만족스럽고 성공적인 인생을 사는 방법은 단 한 길 오직 성경 하나만 있으면 된다는 사실도 깨달았다.

성경은 최고의 스승이며, 주인공 되시는 예수님은 진정한 친구 10명보다 더한 최고의 친구이며, 베스트 셀러인 성경은 100권의 책과는 비교할 수 없는 책 중의 책이다. 그리고 성경은 인생의 모든 문제를 해결해주며 안식과 평안을 주는 유일한 만능 키이다.

노년의 무료한 삶을 심심한 줄 모르게 살기 위해서 젊었을 때부터 인생이 끝나는 날까지 동반자가 되어 말없이 따라와 줄 책을 가까이 해야 한다. 또한 세살 먹은 아이에게도 배우려는 자세를 가지고 늘 배우는 일을 게을리 하지 말아야 한다. 젊었을 땐 이랬는데 하며 과거 일이나 반추하며 사는 어리석은 자가 되지 말고 현재 내가 살아가는 동안 문화를 찾아 즐겨야 한다.

그런데 현실은 그렇지 않다. 가진 자는 물질만 움켜쥐고 물질의 노예가 되어 살아가고 있고, 못 가진 자는 길가로 밀려나와 초라한 살아있는 스냅사진으로 살아가고 있다. 또 치매 방지한다고 고스톱이나 치고, 노점상 곁에 앉아 파, 마늘 다듬어주며, 미운 사람 흉이나 보며, 스트레스를 해소한다고 한다.

내가 정말 슬픈 건 잘 나가던 교회의 일꾼들의 노년기이다. 여호수아 본받아 사람 낚는 어부되어 수족관 채우느라 바빴고 평생 주의 일 한다고 몸 바쳐 헌신했지만 그들의 노년의 모습은 어떠한가? 커가는 것은 교회 건물 뿐, 성직

자들은 수족관 관리에만 바쁘고 단지 늙었다는 이유만으로 매주일 "오늘 메뉴가 뭐지?" 하며 점심만을 유일한 관심거리로 삼고 살아가고 있다.

그러나 그리스도인은 노년이 되어 갈수록 꿈을 갖고 그리스도의 냄새를 풍기기 위해 그리스도를 닮아가는 삶을 살아가야 한다.

하나님께서 이 우주 만물 속에 감추어 놓으신 일정한 질서와 원칙에 맞추어 살 수 있는 능력과 지혜를 가지고 그 질서에 복종하며 살 수 있는 피조물은 오직 인간뿐이다. 따라서 우리는 죽을 때까지 하나님을 더욱 더 알기 위해 노력해야 한다.

예술가들은 외로울 수 있어도 예술을 즐기는 사람은 외롭지 않다. 문화를 즐기는 것은 젊은 사람들에게만 허용된 특혜가 아니다. 하나님께서 만드신 예술 작품을 감상하기엔 우리의 인생은 너무 짧다.

어느 시인의 말처럼 소풍 왔으면 소풍 끝내고 하늘나라로 돌아가서 '참, 재미 있었다' 그래야 되지 않을까 생각한다. 하늘나라 비자만 움켜쥐고 보물을 찾기에만 여념이 없어 점심도 굶고 헤매다 온 아이처럼 살지는 말아야 하겠다.

제비꽃 한 송이에서도 하나님의 솜씨를 발견하고 두둥실 떠가는 구름 너머에 항상 나를 보고 계신 하나님의 눈길을 의식하며 사는 인생은 얼마나 행복한지 모른다. 하나님의 말씀을 버스에서, 전철에서, 잠드는 순간까지 묵상하며 송이 꿀보다 더 단 주님이 주시는 양식은 영양소가 풍부한 양식이 되어 노년을 외롭지 않게 살도록 인도해 준다.

하나님이 기뻐하시는 삶을 살아가는 자녀들에게 가장 평탄하고 형통한 길로 인도하여 주시는 것은 아버지의 의무이다. 할렐루야!

가슴이 뜨거운 멋쟁이 노인

| 정진순 집사

정진순 집사님은 금년에 61세이지만, 자기 관리를 잘하여 멋쟁이 할머니로 통한다. 이전에 예수님을 믿었지만 십여 년간 방학을 하였다가 다시 우리 교회에 오셔서 신앙생활을 열심히 하고 있다.

지금은 직장 문제로 교회에서 멀리 떨어진 곳에 살기 때문에 자주 교회에 나오지 못하고 있다. 하지만 교회를 사랑하는 열정은 뜨겁다. 이번 부활절에도 목사는 가만히 있는데 여자 성도들에게 일일이 전화를 걸어 한복을 입고 오도록 독려하였다.

자신이 죽게 되면 재산의 1/3을 교회에 헌납하기로 할 정도로 교회를 사랑하는 마음이 남다르다. 하나님께서 속히 환경의 문을 열어주셔서 다시 교회 근처로 오셔서 더욱 더 남은 생애를 주님께 온전히 헌신하기를 기도하고 있다.

물질과 건강은 잃었지만 더 큰 복을 받은 노인

| 양옥선 성도

양옥선 성도님은 고향이 이북이다. 6.25 전쟁 때 남한으로 피난 내려와서 온갖 고난과 역경을 이기고 자수성가한 분이다. 올해 74세인데 예수를 믿기 전에 사업에 성공해서 많은 재산을 소유하였지만 남편이 돌아가신 후 자녀들에게 넘겨주고 이젠 몸이 건강치 않아 집 안에 주로 계신다. 어쩌다가 밖으로 나오면 다리가 아파서 길가에 주저앉아 계신 것을 보고 전도를 하면 며느리(강희옥 집사) 신앙이 좋은 것만 이야기 하지 선뜻 교회에 나오지를 않았다.

그런데 전석도 목사님(인천 신현교회 담임)을 초청하여 부흥회를 할 때에 강사님의 간증에 은혜를 받고 교회에 나오기 시작했다. 지금까지 주일예배에 잘 출석하고 계신다. 몸이 건강치 않아 교회에서 성경공부를 할 수 없기 때문에 집으로 찾아 가서 집중적으로 말씀을 가르쳐 드렸다.

우리 교회는 한가족 만들기 과정과 7대확신 세우기 과정을 마치고 구원의 확신을 가지면 세례를 베풀기 때문에 두 과정을 마치고 구원의 확신을 가졌기 때문에 세례를 베풀었다.

교회에 출석하면서 몸이 좋아졌고 이제는 길을 걷다가 힘이 든다고 중도에 주저앉는 일은 없다. 주일은 절대로 빠져서는 안 되는 날인 줄 알고 몸이 편치 않아도 교회에 출석할 뿐만 아니라 말씀을 잘 듣고 들은 말씀을 삶에 적용하는 모습이 아름답다.

8남매의 든든한 영적 파수꾼

| 이삼례 권사

이삼례 권사님은 금년 83세이다. 우리 교회에서 강정숙 집사님과 함께 최고의 연장자이시다. 이분은 상수동으로 이사를 오면서 좋은 교회로 인도해 달라고 기도를 했는데, 하나님께서 우리 교회로 인도해 주셨다고 하면서 아주 열심히 신앙생활을 하신다.

이분은 주일 예배 및 오후 모임은 기본이고, 수요와 금요 저녁기도회에도 빠지지 않고 참석하신다. 그리고 두 달에 한번 있는 특별기도회에도 어김없이 나오신다. 주로 평일에는 오전에 교회에 나와 기도하시고, 춥지 않을 때에는 새벽에도 나오신다. 또 가끔 주의 종을 대접하신다고 과일이나 음료수를 사오기도 하신다.

슬하에 8남매를 두고 계신데 기도하실 때마다 자녀들을 위하여 기도하시고 하루에 천 원씩 작정하여 주일마다 7천원씩 '일천번 작정헌금' 을 드리고 있다.

믿음으로 아픔을 이긴 자

| 강정숙 집사

강정숙 집사님은 이삼례 권사님과 함께 83세이시다. 상수동으로 이사를 오기 전에 마포구 도화동에 사셨기 때문에 매주일 택시를 타고 다니시던 교회로 가셨는데 무릎 관절이 좋지 않아 우리 교회로 옮기셨다.

강집사님은 다리만 불편하시지 체구도 건장하고 얼굴도 연세에 비해 젊어 보이신다. 그리고 재력도 있으셔서 경제적으로는 어려움이 없이 생활하신다.

그러나 마음속에 큰 아픔을 갖고 계셨다. 살던 집이 재개발로 헐리게 되어 그 집 처분 문제로 자식들과 다투게 되었는데 때가 되어도 자식들이 인사를 하러 오지 않는다고 한다.

부모의 마음이 얼마나 아프겠는가? 하지만 강집사님은 믿음으로 아픔을 이기셨고 자녀들을 위해 늘 기도하고 계신다.

부모 공경은 조건이 없어야 한다. 노아의 아들 함은 아비의 허물을 드러내다가 저주를 받았다. 십계명 중 부모공경만이 약속 있는 첫 계명임을 잊지 말아야 한다.

"네 부모를 공경하라 그리하면 너의 하나님 나 여호와가 네게 준 땅에서 네 생명이 길리라"(출 20:12).

13
웃음꽃이 활짝 핀 교회

"성도들이 일단 교회에 오면

집으로 돌아가지를 않으려고 한다.

함께 모여 이런 저런 이야기 꽃을 피운다.

그런데 젊은 사람들 때문에

웃지 않고 노인들 때문에 웃는다.

늙어도 웃음보따리를 풀 수 있는 곳,

그곳이 바로 우리가하나되는교회이다."

13

_ 쑥떡이야기

노인사역자들은 늘 기쁨이 충만하다. 늘 천국의 소망 가운데 살아가기 때문에 얼굴에 그늘이 없다. 사라는 90세에 아들을 낳았다. 그녀는 늙은 할머니였지만, 그가 낳은 이삭 때문에 남은 인생을 웃으며 살 수 있었다. 나는 우리 교회 노인사역자들이 늙어서 낳은 영적인 자식들 때문에 웃으며 사는 것을 보면 기쁨이 충만하다.

2006년 3월 10일 오후였다.

11시에 모여 전도하러 나갔던 사역자들이 돌아와서 점심을 준비해서 함께 나누었다. 옛날에 다른 교회 권사님이

떡을 할 때에 사용하라고 주신 쑥을 가지고 '개떡' 을 만들었는데 너무 너무 맛이 좋았다.

나는 그 떡을 함께 먹으면서 말했다.

"우리 교회 성도들은 절대로 쑥떡을 먹으면 안 됩니다."

그러자 모두들 무슨 영문인지 몰라 어리둥절했다.

"쑥떡을 먹으면 뒤에서 쑥떡거리기 때문입니다."

모든 사람들이 한바탕 웃음꽃을 터뜨렸다.

"목사님! 그런 것은 걱정하지 않으셔도 됩니다. 우리 교회는 비전과 사랑으로 하나되는 교회이기 때문에 뒤에서 쑥떡대는 사람이 전혀 없습니다."

이점순 집사님이 한마디하였다.

우스갯 소리 속에서도 성도들의 신앙을 확인할 수 있었다.

_돈 많은 영감을 찾으라

우리 교회의 비전은 이미 소개한 대로 크게 두 가지이다.

하나는, 한국의 모든 교회가 평신도사역형 교회로 전환하는 일을 돕는 것이다.

또 다른 하나는, 노인들이 함께 모여 생활하는 노인복지 생활공동체를 운영하는 것이다.

이 두 비전을 이루기 위해서는 건물이 필요하다. 우리는 한강이 내려다보이는 위치에, 대지 300평에 연건평 1,000평 이상의 건물을 원하고 있다. 그런데 이 정도의 건물을 지으려면 적어도 75억 이상이 소요된다. 그래서 함께 모이기만 하면 기도하고 구체적으로 어떻게 해서 건물을 지을 것인가 이야기를 한다.

어느 날은 '우리하나복지센터' 이야기를 하다가 홍주화 집사님이 말했다.

"어디 돈 많은 영감 하나 없나! 결혼해서 복지센터를 짓게."

그러자 박인숙 집사님이 "요즘 영감들은 나이가 많아

도 젊은 여자를 원하지 70 넘은 할머니는 쳐다보지도 않아요." 라고 맞장구를 쳐서 한바탕 웃은 적이 있다.

_가슴이 두근 반 세근 반

홍주화 집사님은 금년 71세이다. 그런데도 늘 화장을 하고 자신을 가꾼다. 밖에 나가면 60세 중반 정도 밖에 안 본다.

사역자 훈련을 하던 어느 날이었다.

홍주화 집사님이 말했다.

"멋있는 남자를 보면 가슴이 두근 반 세근 반 뛰어요. 어떤 때는 목사님만 봐도 가슴이 뛰어요."

71세나 되는 할머니가 멋진 남자를 보면 가슴이 두근거린다는 것은 비록 몸은 늙었으나 마음만은 젊다는 증거이다. 70세의 노인들을 훈련시키지만 가끔 한두 마디씩 툭툭 내뱉는 말로 교회에 웃음이 떠나지 않는다.

_가짜 방언 이야기

초대 교회가 모여서 기도할 때에 성령께서 역사하신 것처럼 우리 교회도 모여서 기도하면 성령께서 역사를 하신다. 어떤 분은 성령의 은사를 받기도 하고, 병 고침을 받기도 하는 등 영적인 체험을 한다.

나는 성령의 체험이 신앙 성장에 큰 도움이 된다는 것을 알고 있기 때문에 기도할 때마다 성도들에게 성령의 충만을 받도록 기도하라고 한다. 그리고 기도할 때 방언의 은사를 받으면 더 깊이, 오랜 시간 기도할 수 있기 때문에 방언의 은사를 사모하라고 권한다.

한 번은 특별 기도회 중 이점순 성도님을 위하여 합심으로 간절히 기도하였다. 그런데 이 성도님이 별안간 방언으로 기도를 하는 것이었다. 순간 나는 너무 기뻤지만 이상하다는 생각을 하였다. 왜냐하면 그분이 예수께서 십자가에 못 박히신 환상을 보셨지만 평소 방언의 은사를 사모하지 않은 것을 알고 있는데 너무 쉽게 방언이 터졌기 때문이었다.

아니나 다를까, 좀 더 들어보니까 진짜 방언 은사를 받은 것이 아니었다. 가짜로 흉내를 내서 방언을 하신 것이었다.

기도회를 잠시 중단하고 "집사님, 왜 가짜 방언을 하십니까?"라고 물었다.

"박 권사님이 그렇게 하면 쉽게 방언을 받을 수 있다고 해서 그렇게 했습니다. 그런데 목사님, 그것을 어떻게 아셨습니까?"

그 말을 듣고 함께 기도하던 분들이 방바닥을 치면서 한바탕 웃었다. 모든 성도들이 어린아이 같이 순진하기 때문에 그들이 무심코 내뱉는 말 한마디 한마디가 함박 웃음꽃을 피우게 한다.

에필로그

모든 교회가 노인까지도 사역하는 평신도사역형 교회가 되기를 꿈꾸며 …

나는 우리가하나되는교회를 이런 마음으로 시작했다.

> **"모든 교회가 평신도사역형 교회로 전환하는 일에 목숨을 바치리라."**

《노인들도 펄펄 뛰는 교회이야기》는 이런 꿈을 가지고 시작한 지 1년 조금 넘은 교회에서 일어난 일을 쓴 것이다. 특별히 70세 노인이 어떻게 양육과 훈련을 받아 사역자가 되었고, 어떻게 구체적으로 사역하고 있는지를 소개하고 있다. 70세가 넘은 노인들이 일정한 양육시스템에 의하여 훈련을 받아 사역자가 된 사례를 밝힌 것은 본서가 세계 최초일 것이라 생각한다.

우리가하나되는교회는 단지 다른 교회에 비해 모든 성도가 사역하는 건강한 교회 중의 하나일 뿐, 완전한 교회는 아니다. 따라서 우리가 운영하는 'D3 양육시스템' 에도 부족한 점이 많이 있을 것이다.

그러나 본서에서 소개한 내용은 평신도사역자를 세우는 일에 실패했거나, 나이가 많은 분들을 어떻게 양육해야 할지 몰라 고민하거나, 평신도를 사역자로 만드는 일에 있어서 보다 효과적인 제자훈련 방법을 찾고자 하는 교회와 평신도들에게는 목마른 사람에게 추수하는 날에 얼음 냉수와 같은 책이 될 것을 의심치 않는다.

좀 더 큰 사역의 열매를 소개했으면 하는 마음이 간절하지만 1년 조금 넘은 교회가 더 큰 열매를 맺었다고 말하면 혹 다른 교회가 좌절감을 느낄 수도 있음을 주님께서 미리 아시고 이 정도의 열매만을 소개하게 하셨다고 생각한다. 바라기는, 이 책을 통하여 많은 교회들이 평신도들, 특별히 노인들을 훈련시켜 사역자로 만드는 일에 뛰어 들기를 간절히 소원한다.

짧은 기간이지만 'D3 양육시스템' 으로 양육과 훈련을 받아 훌륭하게 사역자의 사명을 감당하는 제1기 훈련생들과 평신도 사역자의 꿈을 갖고 계속해서 양육과 훈련을 받고 있는 훈련생들에게 진심으로 감사를 드린다. 특별히 작은 지하 공간이지만 큰 비전을 가슴에 안고 함께 웃고 울며 신앙공동체를 세워가고자 노력하는 모든 성도들에게 감사를 드린다.

우리가하나되는교회는 세 가지 교재와 세 가지 훈련방법으로 평신도를(노인들까지도) 사역자로 세우는 'D3 양육시스템' 을 통하여 한국의 모든 교회들이 평신도사역형 교회로 전환하도록 돕는 일에 최선을 다할 것이다.

평신도사역형 교회만들기 세미나

■ **강사: 안창천목사-총신대 교회성장학박사**(Th.D. 평신도사역형교회로의 전환을 위한 효과적인 방안연구)

저서 | '목사님, 이렇게 하면 교회 문닫습니다'(베다니출판사), '노인들도 펄펄 뛰는 교회이야기'(베다니출판사) '죽음 그 이후'-전도소책자(베다니출판사), D3 양육시스템 훈련교재 시리즈- 한가족 만들기 | 7대확신 세우기 | 핵심13주 제자훈련(베다니출판사), '목회자사역형교회를 평신도사역형교회로 전환하라'(한국학술정보주식회사)

■ **일시:** 2006년 12월 7일(목) 오전 10시 30분-오후 9시

■ **장소:** 우리가하나되는교회(서울 마포구 상수동, 극동방송 부근)

■ **회비:** 20,000원(D3 양육시스템 교재 3권, 식사대 포함)

■ **후원:** 베다니출판사

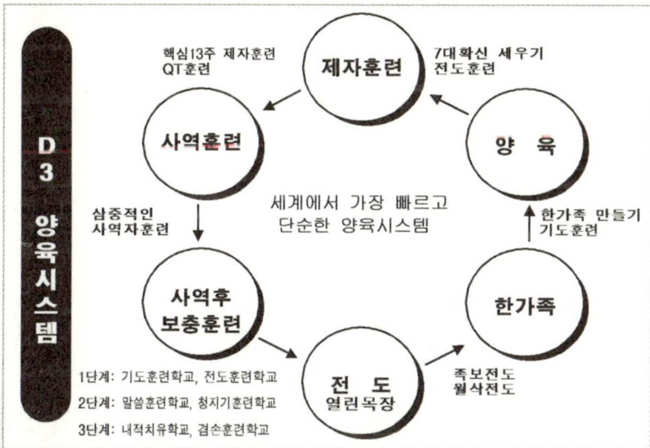

■스피드와 단순성을 추구하는 시대에 꼭 필요한 양육시스템

■초대교회가 사용한 훈련방법에 따라 만든 양육시스템

■모든 교회(작은교회~중대형교회)가 쉽게 적용할 수 있는 양육시스템

본 세미나 특징

- 세 가지 교재로만 양육하고 훈련하여 평신도 사역자가 됨
- 삼중적 훈련방법으로 학력, 나이, 은사에 상관없이 사역자가 되게 함
- 先사역 後보충훈련 시스템으로 매우 짧은 기간에 사역자로 세움(기존신자는 4-5개월 만에, 새신자는 7-8개월 만에 평신도 사역자가 됨)
- 사역자가 된 후 세 단계로 보충훈련하여 성숙한 평신도 사역자가 되게 함
- 참석하는 모든 교회의 목회현장을 진단하고 대안을 제시함
- 평신도들이(노인사역자 포함) 사역하는 현장 소개

세미나 참가대상

- 침체되어가는 교회를 새로운 목회패러다임으로 전환코자 하는 중소형교회
- 노인들을 어떻게 양육하고 훈련해야 할지 몰라 고민하고 있는 교회
- 제자훈련의 기간이 길고 교재가 복잡하여 제자훈련를 엄두내지 못했던 교회
- 담임 목회자가 고령이고, 특별한 목회 방법이 없어 고민하는 교회
- 제자훈련을 하고 있지만 재생산이 되지 않고 정체되어가고 있는 교회
- 개척을 준비하거나, 개척했지만 부흥이 되지 않아 고민하는 교회

✣**접수:** 장소 관계로 선착순(50명) 마감하며, 당일 접수는 불가합니다.
아래 계좌로 입금하시고 신청하세요(477-810028-22807 안창천, 하나은행)

✣**교통:** 1)강변북로를 타고 일산방향으로 오다가 '상수역/홍대역' 방향으로 나오면 곧 바로 전방 30m 우측 방향으로(4거리 신호등 건너) '우리가하나되는교회'가 보임
2)지하철 6호선 상수역 3번 출구에서 한강(강변북로) 방향으로 150m(제이마트 옆)

✣**주차:** 20대 가능(선착순, 본 교회에서 발행하는 주차스티커를 발부받은 차만 주차가능)

✣**문의:** 교회 333-0091, 사역간사 011-9069-1855, 안전도사 011-392-4268, 안목사 010-4740-4489